高等职业教育经济管理类专业教材
——荣获华东地区大学出版社第七届优秀教材奖

进出口单证实训教程
（第2版）

主　编　广银芳
参　编　（按姓氏笔画排序）
朱玉赢　张　乐　宣小箐
主　审　都国雄

东南大学出版社
·南京·

内 容 提 要

本书以我国出口业务中最常使用的13种单据的制作为基本实训内容，每种单据均有实训目标、单据简介及2～3个制单练习，并配有空白单据和样单，方便学习者进行操作训练和参考学习。教材还设计了综合制单和审单练习，以利于学生综合能力的提升。

本书学习目标明确，内容贴近我国外贸业务实际，实践操作由简到繁，体现了"学做合一"的教学理念。

本书可作为本科及高职院校国际商务类专业的教材和教学参考书，也可作为外贸从业人员的业务培训和参考用书。

图书在版编目(CIP)数据

进出口单证实训教程 / 广银芳主编. —2版. —南京：东南大学出版社，2014.6(2018.1重印)
ISBN 978-7-5641-4996-3

Ⅰ. ①进… Ⅱ. ①广… Ⅲ. ①进出口贸易—原始凭证—高等职业教育—教材 Ⅳ. ①F740.44

中国版本图书馆CIP数据核字(2014)第111762号

东南大学出版社出版发行
(南京四牌楼2号 邮编210096)
出版人：江建中
江苏省新华书店经销 常州市武进第三印刷有限公司印刷
开本：787mm×1 092mm 1/16 印张：12.5 字数：300千字
2014年6月第2版 2018年1月修订第13次印刷
ISBN 978-7-5641-4996-3
印数：26 001－28 000册 定价：26.00元
(凡因印装质量问题，可直接与营销部联系。电话：025－83791830)

出版说明

“高等职业教育经济管理类专业教材编委会”自2003年3月成立以来，每年召开一次研讨会。针对当前高等职业教育的现状、问题以及课程改革、教材编写、实验实训环境建设等相关议题进行研讨，并成功出版了《高等职业教育经济管理类专业教材》近60种，其中33种被“华东地区大学出版社工作研究会”评为优秀教材和江苏省精品教材。可以看出，完全从学校的教学需要出发，坚持走精品教材之路，紧紧抓住职业教育的特点，这样的教材是深受读者欢迎的。我们计划在“十二五”期间，对原有品种反复修订，淘汰一批不好的教材，保留一批精品教材，继续开发新的专业教材，争取出版一批高质量的和具有职业教育特色的教材，并申报教育部“十二五”规划教材。

“高等职业教育经济管理类专业建设协作网”是一个自愿的、民间的、服务型的、非营利性的组织，其目的是在各高等职业技术院校之间建立一个横向交流、协作的平台，开展专业建设、教师培训、教材编写、实验与实习基地的协作等方面的服务，以推进高等职业教育经济管理专业的教学水平的提高。

“高等职业教育经济管理类专业建设协作网”首批会员单位名单：

南京正德职业技术学院
南京钟山职业技术学院
江苏经贸职业技术学院
南京应天职业技术学院
无锡商业职业技术学院
南京化工职业技术学院
常州建东职业技术学院
常州工程职业技术学院
南京交通职业技术学院
江阴职业技术学院
扬州职业大学
天津滨海职业学院
安徽新华职业技术学院
山东纺织职业技术学院
浙江机电职业技术学院
南京商骏创业网络专修学院
东南大学出版社
南京工业职业技术学院
南京金肯职业技术学院
南通纺织职业技术学院
镇江市高等专科学校
常州轻工职业技术学院
常州信息职业技术学院
常州纺织服装职业技术学院
南京铁道职业技术学院
无锡南洋职业技术学院
南京信息职业技术学院
黄河水利职业技术学院
江苏农林职业技术学院
黑龙江农业经济职业学院
东南大学经济管理学院
广东番禺职业技术学院
苏州经贸职业技术学校
江苏海事职业技术学院

高等职业教育经济管理类专业教材编委会
2016年7月

序

高等职业教育是整个高等教育体系中的一个重要组成部分。近几年来，我国高等职业教育进入了高速发展时期，其中经济管理类专业学生占有相当大的比例。面对当前难以预测的技术人才市场变化的严峻形势，造就大批具有技能且适应企业当前需要的生产和管理第一线岗位的合格人才，是人才市场与时代的需要。

为培养出适应社会需求的毕业生，高等职业教育再也不能模仿、步趋本科教育的方式。要探索适合高等职业教育特点的教育方式，就要真正贯彻高等职业教育的要求，即“基础理论适度够用、加强实践环节、突出职业技能教育的方针”。为此，有计划、有组织地进行高等职业教育经济管理类专业的课程改革和教材建设工作已成为当务之急。

本次教材编写的特点是：面向高等职业教育系统的实际情况，按需施教，讲究实效；既保持理论体系的系统性和方法的科学性，更注重教材的实用性和针对性；理论部分为实用而设、为实用而教；强调以实例为引导、以实训为手段、以实际技能为目标；深入浅出，简明扼要。为了做好教材编写工作，还要求各教材编写组组织具有高等职业教育经验的老师参加教材编写的研讨，集思广益，博采众长。

经过多方的努力，高等职业教育经济管理类专业教材已正式出版发行。这是在几十所高等职业院校积极参与下，上百位具有高等职业教育教学经验的老师共同努力高效率工作的结果。

值此出版之际，我们谨向所有支持过本套教材出版的各校领导、教务部门同志和广大编写教师表示诚挚的谢意。

本次教材建设，只是我们在高等职业教育经济管理类专业教材建设上走出的第一步。我们将继续努力，跟踪教材的使用效果，不断发现新的问题；同时也希望广大教师和读者不吝赐教和批评指正。目前我们已根据新的形势变化与发展要求对教材陆续进行了修订，期望它能在几番磨炼中，成为一套真正适用于高等职业教育的优秀教材。

宁宣熙

2016 年 7 月

再版前言

本教材自2005年面世以来，深受广大读者的厚爱，虽历经多次修订，但由于国际贸易的发展和实际教学的需要，很多内容难以满足教学的要求，所以，趁着再版的机会，我们对教材内容作了修订。

本次修订，主要体现在以下几个方面：

(1) 增加了进口部分的训练

随着我国外贸政策的调整，国家在保持出口稳定增长的同时，更加重视进口，进口规模将越来越大，进口单证工作也将越来越受企业的重视，因此，本次修订，将教材实训13的“进口单证工作”拆分为“填制开证申请书”和“审核进出口单证”两部分，并增加了相应的制单练习和审单练习，使内容更加完善。

(2) 更新和补充了部分内容

在教学实践过程中，我们发现学生在制单时非常看重教材中的“制单要点”和“样单”，这部分内容通常是学生进行实训的重要参考。因此，我们对这部分内容进行了更新和补充，并将实训的时间要求作了修改。另外，我们还将教材原来重叠部分的内容作了修改，并增加了信开本信用证的实例(体现在综合制单练习7)，使教材内容更加完整并富有时代性，文字描述更加准确和规范，实训内容更加多样化和贴近实际。

(3) 调整了个别练习的顺序和要求

信用证分析和审核是出口制单的基础，也是难点。考虑到学生学习的方便和循序渐进的要求，我们根据练习的难易程度，将实训1的先后顺序做了调整，以方便学生的学习。

本次再版修订，由南京工业职业技术学院的广银芳负责，参加修订工作的还有南京工业职业技术学院的朱玉赢、宣小箐，中国银行江苏省分行的张乐先生，以及南京铁道职业技术学院的都国雄教授。修订的具体分工如下：广银芳负责实训1、5、6、12、15，并进行最后的定稿，朱玉赢负责实训2、3、10、11，宣小箐负责实训4、7、8、9，张乐负责实训13、14，都国雄负责主审。

本次修订得到了南京工业职业技术学院领导和兄弟院校的大力支持，在此表示感谢，如有编写疏漏，敬请广大读者批评指正。

需要本书习题答案的老师，请与编者联系。E—mail：guangyf@niit. edu. cn

编　者

2016年7月

目　　录

实训 1　分析审核信用证

1.1　实训目的

通过实训，学习者应了解信用证各当事人与合同当事人之间的关系，掌握信用证各条款的内容，并能结合外贸基础知识和合同等文件对信用证进行分析和审核，从而了解在外贸业务中买方对卖方在单证方面的制作要求，以便作好制单工作的各种前期准备工作。

1.2　信用证简介

信用证(LETTER OF CREDIT)是指一项不可撤销的安排，无论其名称或描述如何，该项安排构成开证行对相符交单予以承付的确定承诺。《UCP 600》明确规定："信用证方式下，各有关当事人处理的只是单据，而不是单据所涉及的货物、服务或其他行为。"明确了信用证交易的标的是单据。

从传递方式看，信用证有信开本和电开本两种。使用信件进行传递的信用证为信开本信用证，这种信用证因传递速度较慢，且要使用印鉴，极易被国际诈骗集团伪造，目前使用较少；使用电报(CABLE)、电传(TELEX)或 SWIFT 系统等电讯方式进行传递的信用证为电开本信用证，这种信用证传递速度快且成本较低，配合使用密押又使其安全性提高，目前使用较多。

电开本信用证有简电开信用证、全电开信用证和 SWIFT 信用证之分。简电开信用证只有附上简电证实书后才有效。SWIFT 信用证是通过格式化的电文传递的信用证，因其具有标准的格式，且安全性相对更高、费用更低，大大提高了银行的结算速度，故被银行广泛使用。SWIFT 信用证由若干个项目组成，每个项目有不同的代号，表示不同的含义，有的项目为必选项，有的为可选项，例如：59 BENEFICIARY(受益人)，就是一个必选项目，其中，59 是项目的代号。

信用证作为国际贸易货款结算中使用最广泛的支付方式之一，将结算与融资融为一体，解决了买卖双方互不信任的矛盾，有着其他结算方式无法替代的功能，所以尽管国际贸易结算方式不断有新品涌现，但信用证结算在国际贸易结算中仍占据着非常重要的地位。而且由于信用证业务遵循"单单一致、单证相符"原则，卖方为了得到货款，就需要向银行提交信用证规定的各种单据，这使信用证对单据的要求相对托收和汇款来讲要复杂得多，因此掌握信用证制单是国际商务单证工作人员的一种最基本的工作能力。

1.3 信用证审证要点

信用证是根据买卖合同开立的，一经开出，便不再受合同的约束而成为一项独立文件。若信用证内容与合同不符，或者信用证存在问题，就可能使信用证的受益人（即合同的卖方）失去在交易磋商中力争的权益。所以卖方对信用证的审核就显得非常重要。

审核信用证是通知银行和信用证受益人共同承担的任务。其中通知银行主要负责鉴别信用证的真伪、审核开证行的资信能力和付款责任等，并将审证结果反映在信用证通知书上交给受益人；而受益人则是在仔细阅读信用证通知书后，将信用证条款与合同条款逐项逐句进行对照，审核信用证的内容是否适当，与买卖合同各条款是否一致，有无漏开或不必要的条款等，若不一致或者漏开就要求开证申请人进行修改。

受益人主要是从以下几点对信用证进行分析和审核的：

(1) 审核信用证的种类和兑付方式是否适当：信用证的种类决定了信用证的性质、付款责任等，对日后制单、交单和收款意义重大，受益人必须认真对待，以确认信用证是否可转让(TRANSFERABLE)，是否被保兑(CONFIRMED)，是否可循环(REVOLVING)使用等等。

信用证的兑付方式直接关系到出口商如何收回货款。信用证的兑付方式有即期付款、延期付款、承兑和议付 4 种。信用证在规定兑付方式时还同时规定可在其处兑用的银行。即期付款信用证，受益人不需开立汇票，仅凭相符交单即可从开证行即期得到款项；延期付款信用证，受益人也不需汇票，凭相符交单可从开证行延期得到货款；承兑信用证，受益人需开具远期汇票，开证行承兑汇票后在汇票到期日付款；议付信用证，受益人在规定的交单截止日之前，将汇票和/或单据卖给议付行即可得到货款。

(2) 审核信用证各当事人的名称是否正确和完整：信用证的当事人有很多，他们会随信用证种类和性质的不同而随时出现，但申请人和受益人则一定会出现在信用证中，受益人必须仔细核对其名称、地址是否正确，以确保日后制单、交单工作的顺利进行。

(3) 审核信用证各相关日期是否合理：信用证中的日期主要包括开证日期(DATE OF ISSUE)、最迟装运期(LATEST DATE OF SHIPMENT)、交单期(PRESENTATION PERIOD)及有效期(DATE OF EXPIRY)。一份信用证从开出到失效，通常为 45 天，最迟装运期和交单期介于开证日期和有效期之间，且交单期一般在装运后的 10～15 天左右。未规定有效期的信用证无效；未规定装运期，则视信用证的有效期为最迟装运期；未规定交单期，受益人应在运输单据载明的装运日期之后的 21 天内交单，且必须在信用证有效期之前。

信用证中的装运期，必须与合同规定一致，如果装运期过短来不及装运，受益人必须要求延迟。信用证的有效期必然涉及到期地点，到期地点与交单期又密切相关，如果到期地点在受益人所在地，交单期可以短一些；如果到期地点不在受益人所在地，交单期必须延长，以保证受益人有足够的时间完成交单义务。

信用证中不同的日期规定方法有不同的起止要求。比如，ON(在)、ABOUT(大概在)或类似用语被视为规定事件发生在指定日期之前 5 天至该日期之后 5 天在内共计 11 天的时间，起讫日期计算在内；TO、UNTIL、TILL、FROM 及 BETWEEN 等词用于确定装运期时，所提及日期应包含在内；BEFORE、AFTER 等词用于确定装运期时，所提及的日期则不包含在内。

（4）审核信用证的付款期是否符合合同：付款期有即期和远期之分，合同中都有明确规定，信用证的付款期必须与合同一致。但在实际业务中，有一种假远期信用证，受益人应注意区分，这种信用证要求受益人出具远期汇票，但又愿意承担受益人因此而产生的利息和承兑费用损失。在不允许使用即期付款方式进口货物的国家，假远期信用证是进口商规避政策的一种做法，对受益人来说，假远期信用证与即期信用证相似。

（5）审核信用证金额是否允许上浮和下浮：信用证金额是开证行付款责任的限额，应该与合同规定的货币币种及数字一致，受益人可以根据信用证对金额的描述，适当调整发货数量。《UCP600》规定，如果信用证的金额前有“ABOUT”或“APPROXIMATELY”等字样时，则可认为信用证金额允许有不超过10%的增减幅度；如果信用证不以包装单位件数或货物自身件数的方式规定货物数量时，货物数量允许有5%的增减幅度，但总支取金额不得超过信用证金额。

（6）审核信用证对货物的描述是否正确：信用证对货物的描述，包括货物的名称、规格、型号、包装、数量、单价、总价及所使用的贸易术语等。它是受益人交货和制单的基本内容，必须与合同完全一致，不能有丝毫差错。有时，货物描述比较复杂，信用证也可以用统称，并引用相关的合同或订单来代替复杂的货物描述，此时受益人应注意信用证所使用的货物的统称不能与合同相互矛盾，引用的合同号、订单号等不能有错。有时信用证可能将货物描述拼错，如果拼写错误并不影响单词或句子的含义，受益人可以接受，但如果是规格型号的拼写错误则不能接受。

（7）审核运输条款是否合理：运输条款包括运输方式、运输路线、运输工具、运费支付方式、装运港、目的港以及是否允许分批装运和转运等。一般在卖方负责办理运输的交易中，信用证不应限制运输方式、运输路线和运输工具，运费支付方式通常为“FREIGHT PREPAID（预付）”，在买方负责办理运输的交易中，运费支付方式通常为“FREIGHT COLLECT（到付）”。受益人必须在信用证规定的装运港将货装上船，并送达规定的目的港，如果买卖双方之间没有直达船只，则信用证必须允许转运；如果信用证允许部分装运，则受益人应注意辨别是分批装运还是分期装运。

（8）审核单据条款是否合理：单据条款是约束卖方按要求履行合同的凭据，内容包括信用证要求受益人提交的单据名称及制作要求，也是银行审单的依据。如果它的规定不合理，受益人将无法获取相应的单据，从而不能完成交单义务，或者获取单据的成本过高，即使完成了交单义务，也使预期利润大大减少。因此受益人应注意审核单据的出单人、单据的内容要求等，注意单据的获取成本、耗时长短等以及寄送方式、寄送对象等。

（9）审核银行费用的分摊是否合理：信用证项下的银行费用可能有开证费、通知费、修改费、保兑费、议付费、承兑费、邮费、电报费、不符点费等，这些费用应该由受益人和申请人共同分摊，一般发生在开证行的费用由申请人承担，在开证行之外的费用由受益人承担。受益人审证时应注意这些费用的分摊是否合理，以免承担不必要的银行费用。

（10）找出信用证中是否存在软条款：信用证软条款是指信用证中无法由受益人自主控制的条款，一般出现在信用证的单据条款和附加条款中。如要求1/3正本提单直接寄给受益人、要求受益人提供由买方签发的检验证明即客检证书等。软条款常常会引发收汇风险，受益人应根据实际情况和有关国际惯例进行区分，适当处理，不能轻易接受。

通知行和受益人在对信用证进行了审核以后，如果发现问题需要对外交涉修改或澄清的情况，应当参照国际上的习惯做法，根据情况由银行或受益人分别出面办理。对于信用证中受益人今后制单不会产生不符点的问题，尽量不做修改。

若信用证已被确认接受，则业务人员可填写信用证分析单，或将信用证进行复印，在企业内部进行流转和供制单使用。

1.4 信用证审证练习

练习1 分析下列信用证，填写信用证分析单一份。

BASIC HEADER F 01 BKCHCNBJA940 0542 763485
APPLICANTION HEADER Q 700 1043 011214 SCBKHKHHBXXX 3414 633333 1048 N
* SHANGHAI COMMERCIAL BANK LIMITED
* HONG KONG
USER HEADER SERVICE CODE 103：
BANK. PRIORITY 113：
MESG USER REF. 108：
BBIBMEY036P40000
INFO. FROM CI 115：

SEQUENCE OF TOTAL	27	：1/1
FORM OF DOC. CREDIT	40 A	：IRREVOCABLE
DOC. CREDIT NUMBER	20	：LCBB61561
DATE OF ISSUE	31 C	：071214
EXPIRY	31 D	：DATE 080129 PLACE AT OUR COUNTER IN HONGKONG
APPLICANT	50	：ABLENDID DEVELOPMENT LTD UNIT 10－6，15/F MENAL ASIA GRANITE 34 WAI YIP STREET，KOWLOON HONG KONG
BENEFICIARY	59	：SOHO TEXTILE AND LIGHT INDUSTRY CO. LTD. 120 TAIPING ROAD. NANJING，CHINA
AMOUNT	32 B	：CURRENCY USD AMOUNT 102,750.00
POS. / NEG. TOL. (%)	39 A	：10/10
AVAILABLE WITH/BY	41 D	：ANY BANK BY NEGOTIATION
DRAFTS AT	42 C	：AT SIGHT
DRAWEE	42 D	：SHANGHAI COMMERCIAL BANK LTD.，HONGKONG FOR FULL INVOICE VALUE
PARTIAL SHIPMENTS	43 P	：ALLOWED

TRANSSHIPMENT 43 T : ALLOWED
LOADING IN CHARGE 44 A : PORT IN CHINA
FOR TRANSPORT TO 44 B : AARHUS, DENMARK
LATEST SHIPMENT DATE. 44 C : 080115
DESCRIPTION OF GOODS 45 A :

FABRIC CRUSHED VELOUR, 150CM, AT USD7.5/M, CIF AARHUS, DENMARK
AS PER S/C NO. 2K11121, ORDER NO. 4500207220
ART. 5360004/10 1,000M VANILLA
ART. 5360025/30 2,000M BURGUNDY
ART. 5360029/40 10,700M HUNTER GREEN

DOCUMENTS REQUIRED 46 A :

1. FULL SET OF CLEAN ON BOARD OCEAN BILL OF LADING ISSUED TO ORDER AND BLANK ENDORSED NOTIFYING JYSK CO. LTD. 26F.250 NAWABPUR ROAD, DHAKA, BANGLADESH. AND MARKED FREIGHT PREPAID SHOWING NAME AND ADDRESS OF SHIPPING COMPANYS AGENT AT DESTINATION.
2. SIGNED COMMERCIAL INVOICES IN TRIPLICATE SHOWING CIF VALUE OF THE MENTIONED GOODS AND STATING WE HEREBY CERTIFY THAT THE GOODS HEREIN INVOICE CONFIRM WITH S/O NO., ORDER NO. AND ART. NO.
3. PACKING LISTS IN TRIPLICATE SHOWING NUMBER OF CARTONS, GROSS WEIGHT, NET WEIGHT AND SPECIFIED PER CONTAINER.
4. GSP CERTIFICATE FORM A IN DUPLICATE ISSUED BY COMPETENT AUTHORITY OF P.R. CHINA.
5. INSURANCE POLICY OR CERTIFICATE IN ASSIGNABLE FORM AND ENDORSED IN BLANK FOR 110 PCT OF INVOICE VALUE WITH CLAIMS PAYABLE AT DESTINATION IN CURRENCY OF DRAFT COVERING ICC (A), INSTITUTE WAR CLAUSES (CARGO), INSTITUTE STRIKES CLAUSES (CARGO), WAREHOUSE TO WARHOUSE CLAUSES IS INCLUDED AND SHOWING NO. OF ORIGINALS ISSUED.
6. SHIPPING ADVICE IN FULL DETAILS INCLUDING SHIPPING MARKS, CARTON NUMBERS, VESSEL NAME, B/L NUMBER, VALUE AND QUANTITY OF GOODS. MUST BE SENT TO THE FOLLOWING PARTIES ON THE DATE OF SHIPMENT: 1) CONSIGNEE, 2) APPLICANT, 3) NOTIFY PARTY. COPY OF THIS TELEX REQUIRED FOR NEGOTIATION.

ADDITIONAL COND. 47 A :

1. CHARGES INCURRED IN RESPECT OF ANY TELEGRAPHIC TRANS-

FER/CHARTS PAYMENT/PAYMENT ADVICE BY SWIFT/TELEX ARE FOR ACCOUNT OF BENEFICIARY.

2. A HANDLING COMMISSION OF USD50. 00 OR EQUIVALENT, PLUS TELEX CHARGES, IF ANY, WILL BE DEDUCTED FROM THE PROCEEDS FOR EACH SET OF DOCUMENTS WITH DISCREPANCIES PRESENTED UNDER THIS LETTER OF CREDIT.

DETAILS OF CHARGES 71 B : ALL BANKING CHARGES OUTSIDE HONG KONG ARE FOR ACCOUNT OF BENEFICIARY.

PRESENTATION PERIOD 48 : ALL DOCUMENTS MUST BE PRESENTED TO AND REACH OUR COUNTER IN HONG KONG WITHIN 15 DAYS AFTER B/L DATE.

CONFIRMATION 49 : WITHOUT

INSTRUCTIONS 78 :

1. PLS FORWARD THE WHOLE SET OF DOCUMENTS IN ONE LOT TO OUR BILLS PROCESSING CENTRE (KOWLOON) AT 2/F., 666 NATHAN ROAD, KOWLOON, HONG KONG VIA COURIER SERVICE AT BENEFICIARY'S EXPENSES.
2. IN REIMBURSEMENT, WE SHALL REMIT PROCEEDS IN ACCORDANCE WITH YOUR INSTRUCTIONS UPON RECEIPT OF THE DOCUMENTS

ADVISE THROUGH 57 D : BANK OF CHINA, JIANGSU BRANCH, 148 ZHONGSHAN SOUTH ROAD, NANJING, CHINA

信用证分析单

银行编号		合约		受益人			
证号							
开证银行			进口商				
开证日期		索汇方式		起运口岸		目的地	
金额			可否转运		唛头		
汇票付款人			可否分批				
汇票期限	见票________天		装运期限				
注意事项			效期地点				
			提单日______天内议付	______天内寄单			

单证名称	正本提单	副本提单	商业发票	其他发票	海关发票	装箱单	重量单	尺码单	保险单	产地证	普惠制产地证	贸促会产地证	出口许可证	装船证书	投保通知	寄投保通知邮据	寄单证明	寄单邮据	寄样证明	寄样邮据	
银行																					
客户																					

提单	抬头		保险	保险条款			
	通知						
	运费			保额另加 %		赔款地点	

练习 2　审核下列信用证，将证中有错误的地方、我方做不到或应注意的地方指出来。

BASIC HEADER　　F 01 BKCHCNBJA940 0542 763485
APPLICANTION HEADER Q 700 1043 011214　DEUTDEMMXXX
DEUTSCHE BANK A. G. , HAMBURG
USER HEADER　　SERVICE CODE　　103：
BANK. PRIORITY　　113：
MESG USER REF.　　108：
BBIBMEY036P40000
INFO. FROM CI　　115：

SEQUENCE OF TOTAL	27 ：1/1
FORM OF DOC. CREDIT	40 A ：IRREVOCABLE
DOC. CREDIT NUMBER	20 ：DBBKHB3289
DATE OF ISSUE	31 C ：120714
EXPIRY	31 D ：DATE 120901 PLACE AT IN HAMBURG
APPLICANT	50 ：HAMBURGER GEMEINWIRTSGESSELSCHAFTS A. G. , HAMBURG, GERMANY
BENEFICIARY	59 ：CHINA NATIONAL GARMENT I/E CORP TIANJIN BRANCH. 774 DONG FENG EAST ROAD, TIANJIN, CHINA
AMOUNT	32 B ：USD8,000.00
AVAILABLE WITH/BY	41 D ：ANY BANK BY NEGOTIATION
DRAFTS AT …	42 C ：AT SIGHT FOR FULL INVOICE VALUE
DRAWEE	42 D ：BENEFICIARY
PARTIAL SHIPMENTS	43 P ：ALLOWED
TRANSSHIPMENT	43 T ：ALLOWED
LATEST DATE OF SHIPMENT	31 ：120920
LOADING IN CHARGE	44 A ：CHINA
FOR TRANSPORT TO	44 B ：HAMBURG
DESCRIPTION OF GOODS	45 A ：1000 SET LADY'S SUIT USD9.00 PER SET FOB SHANGHAI. SHIPPING MARKS AS READ：ABC ROTTERDAM NO. 1 – UP

DOCUMENTS REQUIRED 46 A：
1. SIGNED INVOICE COUNTER SIGNED BY APPLICANT.
2. CERTIFICATE OF ORIGIN.
3. SHIP'S CLASSIFICATION ISSUED BY LLOYDS IN LONDON.

4. FULL SET (2/3) OF CLEAN ON BOARD OCEAN BILL OF LADING MADE OUT TO ORDER, BLANK ENDORSED MARKED 'FREIGHT PREPAID' AND NOTIFY THE BENEFICIARY, SHIPPER IS APPLICANT.
5. INSURANCE POLICY COVERING ALL RISKS AND WAR RISK ADDING ON DECK CLAUSE AS PER CIC FOR 150PCT INVOICE VALUE, CLAIM IF ANY PAYABLE IN GERMANY.
6. WEIGHT NOTE COUTER SIGNED BY APPLICANT.
7. INSPECTION CERTIFICATE ISSUED BY ADVISING BANK.

DETAILS OF CHARGES	71 B	: ALL BANKING CHARGES ARE FOR ACCOUNT OF BENEFICIARY.
PRESENTATION PERIOD	48	: ALL DOCUMENTS MUST BE PRESENTED TO AND REACH OUR COUNTER IN HAMBURG WITHIN 7 DAYS AFTER B/L DATE.
CONFIRMATION	49	: WITHOUT
INSTRUCTIONS	78	: DRAFT AND DOCUMENTS TO BE SENT BY THE NEGOTIATING BANK TO US WITHIN 24 HOURS BY REGISTERED AIRMAIL IN TWO LOTS. WE HEREBY ENGAGE THAT PAYMENT WILL BY DULY MODE AGAINST DOCUMENTS PRESENTED IN CONFORMITY WITH TERMS OF CREDIT.

练习 3　试根据下列合同，结合审证要求，审查国外来证，如发现不妥之处，请提出修改意见。

中国国际纺织品进出口公司江苏分公司

CHINA INTERNATIONAL TEXTILES I/E CORP. JIANGSU BRANCH

20 RANJIANG ROAD ,NANJING,JIANGSU,CHINA

销售确认书 编号 NO.：CNT0219

SALES CONFIRMATION 日期 DATE：MAY 10,2012

OUR REFERENCE：IT123JS

买方 BUYERS：TAI HING LOONG SDN，BHD，KUALA LUMPUR.

地址 ADDRESS：7/F，SAILING BUILDING，NO. 50 AIDY STREET，KUALA LUMPUR,MALAYSIA

电话 TEL：060－3－74236211 传真 FAX：060－3－74236212

兹经买卖双方同意成交下列商品，订立条款如下：

THE UNDERSIGNED SELLERS AND BUYERS HAVE AGREED TO CLOSE THE FOLLOWING TRANSACTION ACCORDING TO THE TERMS AND CONDITIONS STIPULATED BELOW：

DESCRIPTION OF GOODS	QUANTITY	UNIT PRICE	AMOUNT
100% COTTON GREY LAWN AS PER BUYER'S ORDER NO. TH－1008	300,000 YARDS	CIF SINGAPORE HKD3. 00PER YARD	HKD900,000. 00

装运 SHIPMENT：DURING JUNE/JULY，2012 IN TRANSIT TO MALAYSIA

付款条件 PAYMENT：BY 100% IRREVOCABLE SIGHT L/C.

保险 INSURANCE：TO BE EFFECTED BY SELLERS COVERING WPA. AND WAR RISKS FOR 10% OVER THE INVOICE VALUE

买方(签章)THE BUYER
TAI HING LOONG SDN，BHD，
KUALA LUMPUR.

卖方(签章)THE SELLER
中国国际纺织品进出口公司江苏分公司
CHINA INTERNATIONAL TEXTILES I/E CORP.
JIANGSU BRANCH

买方开来的信用证如下所示：

FROM BANGKOK BANK LTD.，KUALALUMPUR

DOCUMENTARY CREDIT NO.：01/12345，DATE：JUNE 12,2012

ADVISING BANK：BANK OF CHINA，JIANGSU BRANCH

APPLICANT：TAI HING LOONG SDN，BHD.，P. O. B. 666 KUALA LUMPUR

BENEFICIARY：CHINA NAT'L TEXTILES I/E CORP.，BEIJING BRANCH

AMOUNT：HKD 900，000. 00（HONGKONG DOLLARS TWO HUNDRED THREE THOUSAND ONLY）

EXPIRY DATE：JUN 15，2012 IN CHINA FOR NEGOTIATION

DEAR SIRS：

WE HEREBY ISSUE THIS DOCUMENTARY CREDIT IN YOUR FAVOR，WHICH IS AVAILABLE BY NEGOTIATION OF YOUR DRAFT(S) IN DUPLICATE AT 30 DAYS AFTER SIGHT DRAWN ON APPLICANT BEARING THE CLAUSE：“DRAWN UNDER L/C NO. 01/12345 OF BANGKOK BANK LTD.，KUALA LUMPUR DATED JUNE 12，2012”

ACCOMPAINED BY THE FOLLOWING DOCUMENTS：

—SIGNED INVOICE IN QUADRUPLICATE COUNTER-SIGNED BY APPLICANT.

—FULL SET OF CLEAN ON BOARD OCEAN BILLS OF LADING MADE OUT TO ORDER，ENDORSED IN BLANK，MARKED ‘FREIGHT COLLECT’ AND NOTIFY APPLICANT.

—MARINE INSURANCE POLICY OR CERTIFICATE FOR FULL INVOICE VALUE PLUS 50% WITH CLAIMS PAYABLE IN NANJING IN THE SAME CURRENCY AS THE DRAFT COVERING ALL RISKS AND WAR RISKS FROM WAREHOUSE TO WAREHOUSE UP TO KUALALUMPUR INCLUDING SRCC CLAUSE AS PER PICC 1/1/1981.

—PACKING LIST IN QUADRUPLICATE.

—CERTIFICATE OF ORIGIN ISSUED BY CIQ AND CANNOT SHOW THE INVOICE NO. AND DATE.

—SHIP'S CLASSIFICATION ISSUED BY LLOYDS IN LONDON.

COVERING：

ABOUT 300，000 YARDS OF 65% POLYESTER，35% COTTON GREY LAWN. AS PER BUYER'S ORDER NO. TH－108 DATED MAY 4，2012 TO BE DELIVERED ON TWO EQUAL SHIPMENTS DURING MAY/ JUNE.

ALL BANKING CHARGES ARE FOR THE ACCOUNT OF BENEFICIARY. SHIPMENT FROM CHINA TO PORT KELANG LATEST JULY 31，2012. PARTIAL SHIPMENTS AND TRANSSHIPMENT ARE PROHIBITED.

WE HEREBY ENGAGE WITH DRAWERS，ENDORSERS AND BONA FIDE HOLDERS THAT DRAFTS DRAWN AND NEGOTIATED IN CONFORMITY WITH THE TERMS OF THIS CREDIT WILL BE DULY HONORED ON PRESENTATION. SUBJECT TO《UCP 600》

BANGKOK BANK LTD.，KUALALUMPUR（SIGNED）

实训 2　制作商业发票

2.1　实训目的

通过实训，学习者应了解商业发票、海关发票、形式发票、领事发票和厂商发票的概念和作用，掌握商业发票的内容和制作要求，并会根据合同、信用证等文件独立制作商业发票。

2.2　发票简介

发票(INVOICE)是进出口贸易结算中使用的最主要的单据之一。我国进出口贸易中使用的发票主要有商业发票(COMMERCIAL INVOICE)、海关发票(CUSTOMS INVOICE)、形式发票(PROFORMA INVOICE)、领事发票(CONSULAR INVOICE)及厂商发票(MANUFACTURER'S INVOICE)等。

商业发票是出口商对所装运货物的情况进行的详细描述，并凭以向买方收取货款的一种价目总清单。通过发票，进口商对货物的品名、规格、单价、数量、总价等能够有一个全面的了解，并凭以对货物进行验收与核对。同时，商业发票也是进出口商记账、收付汇、进出口报关及海关统计的依据。在不需要出具汇票时，它还可以作为买方支付货款的依据。在一笔出口业务中，商业发票是全套出口单据的核心，其他单据均以它为中心来缮制。

形式发票是出口商在合同签署之前向进口商开立的非正式的参考性发票，供进口商申请进口或批汇之用，其格式和商业发票类似。它所列商品的数量和金额不一定与合同和信用证相同，因此可以视作一种简式合同，不能用于托收和议付，但进口国可以利用它限制进口。随着贸易保护的加剧，形式发票的使用越来越多。

领事发票是进口国为了了解进口货物的详细情况，包括原产地、货物有无倾销等而规定的，由进口国驻出口国的领事签发的发票，以作为征收进口关税的前提。有的国家印有特别格式的领事发票，而有的国家则只需在商业发票上进行签证即可。进口国领事馆出具这种发票时，一般要收取一定费用。领事发票可通过贸促会办理。

海关发票是根据某些国家海关的规定，由出口商填制的供进口商凭以报关用的特定格式的发票。同时也供进口国海关核定货物的原产地国家，以采取不同的国别政策。海关发票主要是证明商品的成本价和生产国。由于它被视作是自由贸易的障碍，因此目前很多国家已经逐渐减少使用。各国或地区都有自己不同格式和名称的海关发票，其填制要求也各有区别，若缮制有误则会影响出口。

厂商发票是进口国为确定出口商有无倾销行为以及为了进行海关估价、核税和征收反倾销税，而由出口货物的制造厂商所出具的，以本国货币计算的，用来证明出口国国内市场出厂价的发票。

2.3 商业发票的制单要点

商业发票无统一格式，一般由出口商自行设计，但内容必须符合信用证或合同的要求。其基本内容及制单要点如下：

(1) 出口商名称及地址：信用证中一般表示为"BENEFICIARY：×××"。通常出口商名称及地址都已事先印好。

(2) 单据名称：商业发票上应明确标明"INVOICE"（发票）或"COMMERCIAL INVOICE"（商业发票）字样。

(3) 发票抬头(TO...)：除非信用证有其他要求，发票的抬头一般缮制为开证申请人(APPLICANT)或者合同的买方。信用证的开证申请人也可以是"FOR ACCOUNT OF×××"或"TO THE ORDER OF ×××"中"×××"部分。

(4) 发票号码(INVOICE NO.)：发票号码一般由出口商按统一规律自行编制。

(5) 发票日期(INVOICE DATE)：在全套出口单据中，发票日期一般是最早的。根据《UCP 600》的规定，单据出具日期可以早于信用证开立日期，但不得晚于交单日期。因此，发票日期可以早于信用证开立日期、晚于提单的出具日期。

(6) 合同及信用证号码(S/C NO.，L/C NO.)等：根据实际填写。若信用证没有明确要求标明，发票上可以不标明合同、信用证等号码。

(7) 装运港、目的港及运输方式：一般只简单地表明运输路线及运输方式，如 FROM ×× TO ×× BY SEA/AIR。

(8) 唛头(SHIPPING MARKS)：一般由卖方自行设计，但若合同或信用证规定了唛头，则必须按规定填写。若无唛头，应注明 N/M。若信用证规定的唛头中有"1－UP"字样，应将 UP 替换为货物的具体包装件数。

(9) 货物描述(DESCRIPTION OF GOODS)：必须与信用证中的货物描述一致，必要时要按照信用证原样打印，不得随意增加或减少内容，否则有可能被银行视为不符点。但有时信用证中的货物描述过于简单，不能反映货物的全貌，此时发票按信用证打印完毕后，再按合同要求列明货物具体内容。

(10) 数量(QUANTITY)：按合同或信用证标明的装运数量，同时还必须标明数量单位，如 PIECE、SET、KG 或 METER 等。

(11) 单价(UNIT PRICE)、总价(AMOUNT)：对应不同货物，标明相应单价，注意货币单位及数量单位要与合同或信用证一致。总价（即实际发货金额）应与合同或信用证规定相协调，同时还应注明贸易术语。信用证项下，发票总价应在信用证允许的金额之内。

(12) 签字盖章：按《UCP600》的规定，发票无须签名。但若信用证要求的发票是"SIGNED INVOICE"时，就要求出口商签字或加盖图章。

(13) 其他：有时合同或信用证对商业发票有特殊要求，如要求在商业发票上注明货物装运的船名、重量、"无木制包装"等字样，此时需根据具体业务及信用证要求具体对待。

商业发票的参考样式如下所示：

江苏和泰股份有限公司
JIANGSU HOTIY CORPOARATION
HOTIY BUILDING,50 ZHONGSHAN. ,NANJING,CHINA

COMMERCIAL INVOICE

TO:
JYSK CHANALEF SILK A/S
BRIGHT BUILDING 14, SKOVSGERD DK-9990 BROVET.
DENMARK

NO.: A2400A/98
DATE: OCT. 21, 2008
S/C NO.: 03HL21401
L/C NO.: 202-612-1068

FROM SHANGHAI TO COPENHAGEN BY SEA

MARKS & NO. S	DESCRIPTIONS	QUANTITIES	UNIT PRICE	AMOUNT
			CIF COPENHAGEN	
JYSK	X'MAS DECORATIONS			
COPENHAGEN	2-A15261	250 BOXES	USD4.15/BOX	USD1,037.50
03HL21401	2-A15261-1	40 BOXES	USD6.45/BOX	USD258.00
1-7	2-A15261-2	23 BOXES	USD6.45/BOX	USD148.35
TOTAL:		313BOXES		USD1,443.85

SAY US DOLLARS ONE THOUSAND FOUR HUNDRED AND FORTY THREE POINT EIGHT FIVE ONLY

江苏和泰股份有限公司
JIANGSU HOTIY CORPOARATION

加拿大海关发票的样式如下所示：

Revenue Canada

CANADA CUSTOMS INVOIE

1. Vendor(Name and Address)

CHINA TIANTANG INTERNATIONAL TECHNICAL I/E COPR.
14 TIANTANG VILLAGE, CHINA

2. Date of Direct Shipment to Canada
2008. 05. 02

3. Other References(Include Purchaser's Order No.)
INV. NO: A123
ORDER NO: TIANTANG 2381

4. Consignee(Name and Address)

ABC TOOLS TRADE CO. LTD
3/17 SUN BUILDING, SHEARSON
CAMBRIDGE, TORONTO, CANADA

5. Purchaser's Name and Address(If other than Consignee)
THE SAME AS 4 CONSIGNEE

6. Country of Transshipment
N/A

7. Country of Origin of Goods

CHINA

IF SHIPMENT INCLUDES GOODS OF DIFFERENT ORIGINSENTER ORIGINS AGAINST ITEMS IN 12

8. Transportation: Gave Mode and Place of Direct Shipment to Canada

FROM SHANG HAI TO TORONTO BY SEA

9. Conditions of Sale and Terms of Payment
CIF TORONTO BY L/C 45 DAYS SIGHT

10. Currency of Settlement
USD

11. No. of Pkgs	12. Specification of Commodities (Kind of Packages, Marks and Numbers, General Description and Characteristics, i. e. Grade, Quality)	13. Quantity (State Unit)	Selling Price: 14. Unit Price	Selling Price: 15. Total
728CTNS	6V CORDLESS DRILL - TT1	789PCS	USD10. 50	USD8,379. 00
	6V CORDLESS DRILL - TT2	789PCS	USD28. 00	USD29,960. 00

18. If any fields 1 to 17 are included on an attached commercial invoice, check this box √√
COMMERCIAL INVOICE NO. A123 ☐

16. Total weight

Net	Gross
17,760KGS	18,890KGS

17. Invoice Total
USD 38,399. 00

19. Exporter's Name and Address(If other than Vendor)

THE SAME AS 1 VENDOR

20. Originator(Name and Address)
CHINA TIANTANG INTERNATIONAL TECHNICAL I/E COPR.
张三

21. Departmental Ruling(if applicable)
N/A

22. If fields 23 to 25 are not applicable, check this box √
☐ N/A

23. If included in field 17 indicate amount: N/A
(i) Transportation charges, expenses and insurance from the place of direct shipment to Canada
$ N/A
(ii) Costs for construction, erection and assembly incurred after importation into Canada
$ ______
(iii) Export packing
$ ______

24. If not included in field 17 indicate amount: N/A
(i) Transportation charges, expenses and insurance to the place of direct shipment to Canada N/A
$ ______
(ii) Amount for commissions other than buying commissions
$ ______
(iii) Export packing
$ ______

25. Check(if applicable):
(i) Royalty payments or subsequent proceeds are paid or payable by the purchaser
N/A ☐
(ii) The purchaser has supplied goods or services for use in the production of these goods
N/A ☐

2.4 制单练习

练习 1　根据以下所给销售合同制作商业发票。注意：该批货物最终运至法国马赛港（MARSEILLES）。

SALES CONFIRMATION

NO.：03CAN－1108

DATE：NOV. 08，2013

THE SELLER：JIANGSU INTERNATIONAL IMP. & EXP. CORP. LTD.
80 ZHONGSHAN ROAD，NANJING，CHINA
FAX：86－025－23456789 TEL：86－025－23456789

THE BUYER：SHEMSY NEGOCE ID CORP.
75 ROUTE 96570 DARDILLY，FRANCE
FAX：33－56－12345678 TEL：33－56－12345678

THIS SALES CONFIRMATION IS HEREBY MUTUALLY CONFIRMED，TERMS AND CONDITIONS ARE AS FOLLOWS：

NAME OF GOODS AND **SPECIFICATIONS**	**QTY**	UNIT PRICE	**AMOUNT**
LEATHER BAGS			FOB SHANGHAI
ITEM NO. SL100	1,000PCS	USD2.00/PC	USD2,000.00
ITEM NO. SG120	2,000PCS	USD1. 50/PC	USD3,000.00
ITEM NO. SF200	3,000PCS	USD3.00/PC	USD9,000.00
TOTAL	6,000PCS		USD14,000.00
THE GOODS AS PER BUYER'S ORDER NO. FE021G			
SAY US DALLARS FOURTEEN THOUSAND ONLY			

PACKING：10 PIECES IN ONE CARTON.

SHIPPING MARKS：AS SELLER'S OPTION.

SHIPMENT：__X__ TO BE MADE (45 DAYS BY SEA AFTER RECEIVED 30% T/T PAYMENT) FROM CHINA PORT TO ______ (AS BUYER'S DEMANDS)，PARTIAL SHIPMENTS AND TRANSSHIPMENT TO BE ALLOWED.

PAYMENT：__X__ 30% T/T IN DEPOSIT，70% D/P AT SIGHT.

INSURANCE：______ TO BE EFFECTED BY THE SELLER FOR (　　　) % OF INVOICE VALUE TO COVER (　　　　　) RISK AND WAR RISK UPTP (　　　　　) AS PER THE OCEAN MARINE CARGO CLAUSE AND WAR RISK CLAUSE OF THE PEOPLE'S INSURANCE COMPANY OF CHINA.

__X__ TO BE EFFECTED BY THE BUYER

SELLER：JIANGSU INTERNATIONAL IMP. & EXP. CORP. LTD.（签章）

BUYER：SHEMSY NEGOCE ID CORP.（签章）

JIANGSU INTERNATIONAL IMP. & EXP. CORP. LTD.

80 ZHONGSHAN ROAD, NANJING, CHINA FAX:86 - 025 - 23456789

TEL: 86 - 025 - 23456789

练习 2　根据信用证有关要求，缮制发票一份。设发票开票日期为 2008. 02. 20，总包装件数为 116 个纸箱。

（1）QUANTITIES AND DESCRIPTIONS ARE AS FOLLOWS：

DESCRIPTION	QUANTITY	UNIT PRICE	AMOUNT
BALL PEN：			
631	1,000 DOZS	@USD0. 84/DOZ	USD 840. 00
121F	300 DOZS	@USD5. 00/DOZ	USD 1,500. 00
515B	400 DOZS	@USD2. 84/DOZ	USD 1,136. 00
66D	480 DOZS	@USD1. 86/DOZ	USD 892. 80
157	400 DOZS	@USD2. 50/DOZ	USD 1,000. 00
542 BLACK	600 DOZS	@USD0. 50/DOZ	USD 300. 00
BLUE	1,200 DOZS	@USD0. 50/DOZ	USD 600. 00
RED	600 DOZS	@USD0. 50/DOZ	USD 300. 00
542B	4,500 BAGS	@USD0. 15/BAG	USD 675. 00
602	200 DOZS	@USD3. 60/DOZ	USD 720. 00
620	560 DOZS	@USD0. 70/DOZ	USD 392. 00
ROLLER PEN：			
886A	240 DOZS	@USD3. 95/DOZ	USD 948. 00
886	240 DOZS	@USD3. 27/DOZ	USD 784. 80
882 BLACK	400 DOZS	@USD1. 85/DOZ	USD 740. 00
BLUE	400 DOZS	@USD1. 85/DOZ	USD 740. 00
RED	200 DOZS	@USD1. 85/DOZ	USD 370. 00
WATER COLOUR PEN：			
901 - 12	360 DOZS	@USD3. 66/DOZ	USD 1,317. 60
918 - 6	360 DOZS	@USD2. 37/DOZ	USD 853. 20

TOTAL：1) 5,740 DOZS AND 4,500 BAGS OF BALL PEN　　USD 1,4109. 40

2) 1,480 DOZS OF ROLLER PEN

3) 720 DOZS OF WATER COLOUR PEN

AS PER SALES CONTRACT NO：96FH1016

（2）买方开来的信用证如下所示：

DAO HENG BANK LTD., HONGKONG

(INCORPORATED IN HONGKONG)

11 Queens Road, Central, Hongkong
Tel: 00852-28123334
Telex: 22333 DHBHK HX
SWIFT: DHBLHKXXXX

To: BANK OF CHINA SHANGHAI PUDONG BRANCH
L/C No.: 16441688
Dated: 08.01.15
Amount: USD14,109.00

PLEASE ADVISE BENEFICIARY THAT WE ISSUED AN IRREVOCABLE DOCUMENTARY CREDIT NO. 16441688 DATED 08.01.15 FOR USD14,109.00 (SAY U.S. DOLLARS FOURTEEN THOUSAND ONE HUNDRED AND NINE ONLY)
DETAILED AS FOLLOWS:

Beneficiary(full name and address):		Applicant(full name and address):
SHANGHAI MEIHUA BALL PEN CO. LTD., 3601MEIHUA ROAD SHANGHAI CHINA		LINKMAX INTERNATIONAL COMPANY ROOM 3 24/F HANG SAM HOUSE KING TIN COURT SHATIN, HONGKONG
Partial shipment:	Transshipment:	Expiry date: 080415
ALLOWED	ALLOWED	Latest date of shipment: 080331
Shipment from: SHANGHAI, CHINA		Shipment to: BANGKOK, THAILAND

Credit available with any bank by negotiation
with beneficiary's draft for 100 % of the invoice value at …sight on issuing bank
against the documents detailed herein

Documents required:

1. (X)Signed commercial invoice in 5 folds indicating l/c no. and contract no. 96FH1016.
2. (X) Full set (3/3) of clean on board ocean bills of lading made out to order and blank endorsed marked"(X)freight prepaid / ( )to collect" notify the applicant.
3. (X)Insurance policy/certificate in 2 folds for 110% of the invoice value, showing claims pay in destination in the currency of the draft, blank endorsed covering (X) ocean marine transportation / ( ) air transportation / ( ) overland transportation all risks, war risks as per CIC clause.
4. (X)Packing list/weight list in 5 folds indicating quantity, gross and net weights.
5. (X)Certificate of origin in 3 folds.
6. (X)Certificate of quantity/weight in 3 folds.
7. ( ) Certificate of quality in 3 folds issued by ( ) manufacturer / ( ) beneficiary.
8. (X) Beneficiary's certificate copy of telex/cable dispatched to the applicant within 2 days/ 48 hours after shipment advising shipment details including goods name, quantity, weight and value, name of vessel, shipment date, shipping marks.
9. ( )

DAO HENG BANK LTD.，HONGKONG
(INCORPORATED IN HONGKONG)
11 Queens Road, Central, Hongkong Tel: 00852
Tel: 00852-28123334
Telex: 22333 DHBHK HX
SWIFT: DHBLHKXXXX

Commodity:
PEN
QUANTITIES AND DESCRIPTIONS AS PER SALES CONTRACT NO. 96FH1016
PRICE TERM: CIF BANGKOK, THAILAND

Additional instructions:
1. All banking charges outside the issuing bank are for beneficiary's account.
2. Documents must be presented within 15 days after the date of shipment but within the validity of this credit.
3. Both quantity and amount ______% more or less are allowed.

SPECIAL INSTRUCTION:
ALL DOCUMENTS MUST BE SENT TO ISSUING BANK BY COURIER/SPEED POST IN ONE LOT, UPON RECEIPT THE DOCUMENTS CONFOMED WITH THE CREDIT'S TERMS AND CONDITIONS, WE SHALL PAY THE PROCEEDS AS PER THE NEGOTIATING BANK'S INSTRUCTIONS.

YOUR FAITHFULLY
FOR DAO HENG BANK LTD., HONGKONG BRANCH

JACKEY NG
AUTHORIZED SIGNATURE(S)

Except so far as otherwise expressly stated, this documentary credit is subject to uniform customs and practice for documentary credits (1993 revision) international chamber of commerce publication no. 500.
We hereby engage with drawers and/or bona fide holders that drafts drawn and negotiated in conformity with the terms of this credit will be duly honoured on presentation..

上海美华圆珠笔有限公司

SHANGHAI MEIHUA BALL PEN CO. LTD

3601 MEIHUA ROAD, SHANGHAI ,CHINA

练习 3　根据下列所给资料缮制发票一份，唛头号码由受益人决定。

BASIC HEADER　　　　　F014 HSBCCNSHAXXX 0423 586151
APPLICANTION HEADER Q 700 1205 0405 10 BBMEJOAMXXXX 2514 685324 108 N
+BRITISH BANK OF THE MIDDLE EAST
+JEBEL HUSSEIN，AMMAN，JORDAN.
USER HEADER　　　SERVICE CODE　103
BANK. PRIORITY　113：
MESG USER REF. 108：
BBMEJOAM042P123548
INFO. FORM CI　115：
FORM OF DOC. CREDIT 40A：IRREVOCABLE
DOC. CREDIT NUMBER 20：DCFJOM120603
DATE OF ISSUE　31C：120520
EXPIRY　31D：120730 PLACE TIANJIN CHINA
APPLICANT　50：INTERNATIONAL TRADING AND RE-EXPORT CO.
(ZERKA FREE ZONE).
P. O. BOX 1147 AMMAN JORDAN.
FAX NO. 623267，TEL NO. 630353.
BENEFICIARY　59：GOOD FRIEND ARTS AND CRAFTS IMP. & EXP. CO.
301 SAN TIAO XIANG，CHAOZHOU，GUANGDONG，CHINA
AMOUNT　32B：CURRENCY USD AMOUNT 26160.00
HAVAILABLE WITH/BY 41D：ANY BANK
BY NEGOTIATION
DRAFTS AT　42C：SIGHT
DRAWEE　42A：BRITISH BANK OF THE MIDDLE EAST
JEBEL HUSSEIN，AMMAN，JORDAN
PARTIAL SHIPMENTS　43P：ALLOWED
TRANSSHIPMENT　43T：ALLOWED
LOADING IN CHARGE　44A：CHINA
FOR TRANSPORT TO　44B：AQABA，JORDAN IN TRANSIT IN ZERKA FREE ZONE，JORDAN
LATEST DATE OF SHIP.　44C：120715
DESCRIPTION OF GOODS：45A：
24000 PAIRS"EVA" SLIPPER MODEL DO27 SIZE 36-40
24000 PAIRS "EVA" SLIPPER MODEL DO02 SIZE 30-35
ALL IN 4 ASSORTED COLORS，LIGHT BLUE，RED，PINK AND VIOLET
AS PER S/C 12ACX417 DATED APR. 17，2012

PRICE TERM: CFR AQABA, JORDAN

DOCUMENTS REQUIRED 46A :

1. SIGNED INVOICE IN SIX COPIES, THE ORIGINAL INVOICE MUST CERTIFY THAT THE CARTON SIZE ASSORTMENT IS AS FOLLOWS:
   FOR SIZE 36 - 40: 36/6, 37/12, 38/15, 39/15, 40/12, EQUAL 60 PAIRS/CARTON.
   FOR SIZE 30 - 35: 30/8, 31/8, 32/10, 33/10, 34/12, 35/12, EQUAL 60PAIRS/CARTON.
2. FULL SET OF CLEAN(ON BOARD) LONG FORM OCEAN BILLS OF LADING MADE OUT TO THE SHIPPER'S ORDER, ENDORSED IN BLANK (IF MORE THAN ONE ORIGINAL HAS BEEN ISSUED, ALL ORIGINALS ARE REQUIRED.) AND MARKED FREIGHT PREPAID, AND NOTIFY THE APPLICANT USING HIS FULL NAME ADDRESS.
3. PACKING LIST/WEIGHT MEMORANDUM IN TRIPLICATE.
4. CERTIFICATE OF QUALITY SIGNED BY SELLER.
5. CERTIFICATE OF ORGIN CERTIFIED BY THE CHINA COUNCIL FOR THE PROMOTION OF INTERNATIONAL TRADE.
6. INSURANCE COVERED BY THE APPLICANT, DETAILS OF THE SHIPMENT UNDER THIS CREDIT MUST BE ADVISED BY BENEFICIARY WITHIN TWO DAYS AFTER SHIPMENT BY TELEX OR FAX (IF AVAILABLE) OR BY AIRMAIL DIRECT TO THE APPLICANT AND TO M/S ARAB L/FE AND ACCIDENT INSURANCE COMPANY: TELEX NO. 22048, FAX NO. 693188 OR FAX NO. 754345, REFERING TO L/C NO. DCFGJOM120603, COPIES OF SUCH ADVICE SHOULD ACCOMPANY DOCUMENTS PRESENTED FOR NEGOTIATION.

ADDITIONAL COND. 47A :

+"MADE IN CHINA" MUST BE STICKED ON EACH PAIR AND THE RELATIVE INVOICES MUST CERTIFY TO THIS EFFECT.

+ ALL DOCUMENTS REQUIRED UNDER THIS DOCUMENTARY CREDIT SHOULD BE ISSUED IN ARABIC AND/OR ENGLISH.

+ ALL DOCUMENTS REQUIRED UNDER THIS DOCUMENTARY CREDIT MUST MENTION THIS DC NUMBER AND THE ISSUING BANK NAME.

+BILL OF LADING MUST SHOW THAT GOODS ARE SHIPPED FROM CHINA TO AQABA PORT.

+THE AMOUNT OF THIS L/C IS MAX CREDIT AMOUNT AND NOT EXCEEDING.

DETAILS OF CHARGES 71B:

ALL BANKING CHARGES OUTSIDE THE OPENING BANK ARE FOR BENEFICIARY'S ACCOUNT.

PRESENTATION PERIOD 48 : DOCUMENTS TO BE PRESENTED WITHIN 15 DAYS

AFTER THE DATE OF SHIPMENT BUT WITHIN THE EXPIRY DATE OF THIS CREDIT.

CONFIRMATION 49 : WITHOUT

INSTRUCTION 78 : PLEASE FORWARD THE WHOLE SET OF DOCUMENTS TO THE OPENING BANK IN ONE LOT, IN REIMBURSEMENT, WE SHALL REMIT THE PROCEEDS IN ACCORDANCE WITH THE NEGOTIATING BANK'S INSTRUCTIONS UPON RECEIPT OF THE DOCUMENTS IN COMPLIANCE WITH THE TERMS AND CONDITIONS.

ADVISE THROUGH 57D : BANK OF CHINA, GUANGDONG BRANCH.

好友工艺品进出口公司

GOOD FRIEND ARTS AND CRAFTS IMP. & EXP. CO.

301 SAN TIAO XIANG , CHAOZHOU, GUANGDONG, CHINA

实训3　制作装箱单

3.1　实训目的

通过实训，学习者应了解包装单据的作用，掌握各种包装单据尤其是装箱单的作用和制作要求，学会根据信用证或者合同等文件独立制作装箱单。

3.2　包装单据简介

出口商品在运输途中，有的不需要进行包装，如粮食、矿砂等，这类货物称为散装货，包装用“IN BULK”来描述；有的商品则只需进行简单的捆扎，如钢材、木料等，称为裸装货，包装用“IN NUDE”来描述；除此之外，绝大多数商品都必须加以适当的包装才能装运出口，从而方便装卸和保护商品，这类经过包装的货物称为包装货。包装货一般都有唛头，散装货和裸装货一般没有唛头。

包装单据(PACKING DOCUMENTS)是指一切记载或描述商品包装情况的单据，是商业发票的补充和说明，也是货运单据中的重要部分。进口地海关验货、公证行检验、进口商核对货物时都必须以包装单据为依据。常用的包装单据有装箱单(PACKING LIST)、重量单(WEIGHT MEMO/LIST)、尺码单(MEASUREMENT LIST)、花色搭配单(ASSORTMENT LIST)等，其中最常用的是装箱单。

3.3　装箱单的制单要点

装箱单无统一格式，它与商业发票一样一般也由出口商自行设计。作为商业发票的补充单据，装箱单上不得表明商品的单价和总价。其基本内容及制单要求如下：

(1) 出口商名称、地址：要与相对应的发票一致(一般已事先印制好)。

(2) 号码(NO.)、日期(DATE)：装箱单号码就是商业发票号码，日期为实际开具装箱单的日期，一般与商业发票日期一致，也可以晚于发票日期。

(3) 装运方式和运输路线：一般只简单地表明，如 FROM ×× TO ×× BY SEA/AIR，应与商业发票一致。

(4) 唛头(SHIPPING MARK)：必须与商业发票保持一致。

(5) 货物描述(DESCRIPTION OF GOODS)：装箱单的货物描述可以使用统称，但不得与合同或信用证的规定相抵触。若不同规格型号的产品使用了不同类别和大小的包装，则应列明不同产品的型号、大小、花色等。

(6) 商品数量及包装件数(QUANTITY ,NO. S OF PACKAGES)：商品数量即发票上所列商品的数量，包装件数即商品的单件运输包装数量，这两者都要写明具体的数字和单位名称。

（7）每个包装的尺寸（MEASUREMENT）、毛重（GROSS WEIGHT）及净重（NET WEIGHT）：按实际情况填写。包装尺寸可以用每个纸箱的长×宽×高表示，如：50CM×30CM×20CM，也可以用总体积来表示。

（8）总毛重（TOTAL GROSS WEIGHT）、总净重（TOTAL NET WEIGHT）及总体积（TOTAL MEASUREMENT）：即将各个单件包装进行合计。

（9）出口商签章（SIGNATURE）：如合同或信用证有要求，则需进行签章。

（10）其他：如果合同或信用证对装箱单有特别的要求，可注明在空白处。

装箱单的参考样式如下所示：

江苏和泰股份有限公司

JIANGSU HOTIY CORPOARATION

HOTIY BUILDING，50 ZHONGSHAN.，NANJING，CHINA

装箱单

PACKING LIST

TO：
JYSK CHANALEF SILK A/S
BRIGHT BUILDING 14，SKOVSGERD DK－9990 BROVET.
DENMARK

INVOICE NO.：A2400A/98
DATE：OCT. 21，2008

FROM SHANGHAI TO COPENHAGEN BY SEA.

MARKS & NO. S	DESCRIPTIONS	QUANTITIES	PACKAGES	GW. / NW. (KGS)	MEAS. (CM)
JYSK	X'MAS DECORATIONS				
COPENHAGEN	2－A15261	250 BOXES	5CTNS	@12/10	@65×36×45
03HL21401	2－A15261－1	40 BOXES	1CTN	@12/10	@67×39×58
1－7	2－A15261－2	23 BOXES	1CTN	@7/5	@67×39×36
		313BOXES	7CTNS	79/ 65KGS	0.772M³

TOTAL：
SAY TOTAL PACKAGES IS SEVEN CTNS ONLY.

3.4 制单练习

练习1　根据以下所给销售合同制作装箱单。注意，该批货物最终运至法国的马赛港（MARSEILLES）。

SALES CONFIRMATION

NO. : 08CAN－1109

DATE: NOV. 08, 2013

SELLER: JIANGSU INTERNATIONAL IMP. & EXP. CORP. LTD.
80 ZHONGSHAN ROAD, NANJING, CHINA
FAX: 86－025－23456789　TEL: 86－025－23456789

BUYER: SHEMSY NEGOCE ID CORP.
75 ROUTE 96570 DARDILLY, FRANCE
FAX: 33－56－12345678 TEL: 33－56－12345678

THIS SALES CONFIRMATION IS HEREBY MUTUALLY CONFIRMED, TERMS AND CONDITIONS ARE AS FOLLOWS:

NAME OF GOODS AND SPECIFICATIONS	QUANTITY	UNIT PRICE	AMOUNT
LUGGAGE SET OF 8PCS	400SETS	USD20. 00/SET	FOB SHANGHAI USD8, 000. 00
TOTAL	400SETS		USD8, 000. 00
THE GOODS AS PER BUYER'S ORDER NO. FE022G			
SAY US DALLARS EIGHT THOUSAND ONLY			

PACKING: ONE SET IN ONE SEAWORTHY CARTON

GROSS WEIGHT: 22. 00KGS EACH CARTON

NET WEIGHT: 20. 00KGS EACH CARTON

MEASUREMENT (L×W×H): 82. 5CM×25. 5CM×61CM PER CARTON

SHIPPING MARKS: AS PER BUYER'S DEMANDS

SHIPMENT: __X__ TO BE MADE (45 DAYS BY SEA AFTER RECEIVED 30% T/T PAYMENT) FROM CHINA PORT TO (AS BUYER'S DEMANDS) PARTIAL SHIPMENTS AND TRANSSHIPMENT ARE ALLOWED.

PAYMENT: __X__ 30% T/T IN DEPOSIT, 70% D/P 30 DAYS AFTER SIGHT

INSURANCE: ______ TO BE EFFECTED BY THE SELLER FOR (　　) % OF INVOICE VALUE TO COVER (　　) RISK AND WAR RISK UPTP (　　) AS PER THE OCEAN MARINE CARGO CLAUSE AND WAR RISK CLAUSE OF THE PEOPLE'S INSURANCE COMPANY OF CHINA

__X__ TO BE EFFECTED BY THE BUYER

SELLER: JIANGSU INTERNATIONAL IMP. & EXP. CORP. LTD. (SIGNATURE)

BUYER: SHEMSY NEGOCE ID CORP. (SIGNATURE)

JIANGSU INTERNATIONAL IMP. & EXP. CORP. LTD.

80 ZHONGSHAN ROAD, NANJING, CHINA

Fax: 86-025-23456789, Tel: 86-025-23456789

练习2 根据实训2的练习2提供的信用证(NO. 16441688)的有关内容，缮制装箱单一份。在装箱单上需表明总箱数(数字、文字两种表示方法)、总毛重、总净重、总数量及总体积，并且要有唛头。其中MEAS：6.55CBM，GW：1,895KGS，NW：1,711.5KGS，具体装箱规格如下所示：

ART. NO.	QTY.(DOZ.)	CTNS.	GW.(KGS)	NW.(KGS)	MEAS.(CM)
631	1,000	5	30/150	28/140	62×42.5×30
121F	300	15	12.5/187.5	11/165	48×39.5×17.5
515B	400	4	13/52	11/44	43×34×33
66D	480	6	12/72	11/66	66×42×22
157	400	8	15/120	13/104	55×39×23
542	2400	10	17/170	16/160	52×32×35
542B	4,500BAGS	10	15/150	13/130	55×39×23
602	200	10	7/70	6/60	44×42×40
620	560	7	7.5/52.5	5.5/38.5	48.5×39.5×17.5
886A	240	3	16/48	15/45	52×36×34
886	200	2	10/20	9/18	82×37×33.5
886	40	1	8/8	6/6	51×33×37
882	1,000	10	13/130	12/120	140×30×29
901-12	360	15	29/435	27/405	55×40×34
918-6	360	10	23/230	21/210	68×51×21

上海美华圆珠笔有限公司

SHANGHAI MEIHUA BALL PEN CO. LTD

3601 MEIHUA ROAD, SHANGHAI ,CHINA

练习 3 根据实训 2 的练习 3 提供的信用证(**NO. DCFJOM120603**)的有关内容,缮制装箱单一份。装箱单上需表明总箱数(数字、文字两种表示方法)、总毛重、总净重、总数量及总体积,并且要有唛头,还需表明每箱毛重、净重、体积。设每箱毛重、净重、体积等的资料如下:

ART NO.	SIZE	QTY. (PAIR)	CTNS.	GW. (KGS)	NW. (KGS)	MEAS. (CM)
DO27	36-40	24,000	400	25/10,000	23/9,200	60×55×40
DO02	30-35	24,000	400	22/8,800	20/8,000	60×50×40

好友工艺品进出口公司

GOOD FRIEND ARTS AND CRAFTS IMP. & EXP. CO.

301 SAN TIAO XIANG, CHAOZHOU, GUANGDONG, CHINA

实训4 填制海运出口货物托运单

4.1 实训目的

通过实训，学习者应了解出口货物运输的操作方式和基本程序，掌握海运出口货物托运单的填制要求，能够根据合同、信用证的要求填制集装箱海运出口货物托运单。

4.2 海运出口货物托运单简介

出口货物托运是指出口单位通过有权受理对外货物运输业务的单位办理出口货物的海、陆、空等运输事宜。不同的运输方式需办理不同的托运手续，通过海洋运输方式进行运输的货物需办理海运出口货物托运手续，即租船订舱。若采用CIF、CFR等术语出口，出口方必须自付费用向承运人租船订舱。海运出口货物托运单(BOOKING NOTE)就是出口企业在报关前向船公司申请租船订舱的依据，是日后制作提单的主要背景材料。尽管它不直接影响收汇，但是若缮制错漏、延误等，就会影响结汇单据即提单的正确缮制和快速流转，从而影响卖方安全收汇。

海运出口货物托运单主要有散货运输托运单和集装箱货物托运单两种，一般为十联，也称为十联单，其核心单据为装货单(SHIPPING ORDER，简称S/O，俗称下货纸)和场站收据(DOCK RECEIPT，简称D/R)或大副收据(MATE'S RECEIPT)，由发货人或货代填制后交给船公司进行配舱。实务中，出口企业一般委托国际货运代理代为办理租船订舱手续，因此，托运单通常由货代代为填写。

4.3 制单要点

托运单由各运输公司自定，无统一格式，海运出口的散货运输托运单相比集装箱货物托运单来说，内容相对简单。出口货物的发货人一般应在装运前至少10天填制好出口货物托运单，送交承运公司办理托运手续。海运出口货物托运单的主要内容及缮制要求如下：

(1) 发货人(SHIPPER)：也称托运人，一般为出口商，本栏填出口商的名称、地址。

(2) 收货人(CONSIGNEE)：按合同或信用证的规定填写。本栏可以填TO ORDER、TO ORDER OF××或×× CO.。一般以托收方式支付货款时，填TO ORDER或TO ORDER OF ××；以汇款方式支付货款时，填×× CO.即以买方为收货人；以信用证支付货款时，按信用证要求的收货人填写。在信用证的提单条款中，收货人常常为CONSIGNEE××、ISSUE××或MADE OUT××中的“××”部分。如果信用证规定收货人为TO ORDER OF “APPLICANT”或“OUR BANK”等，则应将APPLICANT、OUR BANK

等替换为开证申请人、开证行的名称。

(3) 通知人(NOTIFY):以合同或信用证要求为准。本栏必须填公司名称和详细地址。

(4) 装运港(PORT OF LOADING)、目的港(PORT OF DISCHARGE):按合同或信用证规定的装运港和目的港填写,并与相应的贸易术语相协调。若合同或信用证规定的港口比较笼统,如中国主要港口或欧洲主要港口,则以对托运人最有利的港口为装运港或目的港。

(5) 标记与号码(MARKS & NOS.):标记与号码按发票填写。

(6) 集装箱号(CONTAINER NO.)、集装箱件数(NOS. OF CONTAINERS):按实际填写。集装箱号码一般和件数联系在一起,如 1×40'COSU1230423 表示货物装在一个 40 尺、号码为 COSU1230423 的集装箱里。集装箱号的第四位为大写字母"U"。

(7) 货物描述及包装(DESCRIPTION OF GOODS;NOS. AND KIND OF PACKAGES):填写商品的名称及外包装的种类和数量。商品的名称可用大类名称来表示,但注意不能与信用证相矛盾。

(8) 毛重(GROSS WEIGHT)及体积(MEASUREMENT):按实际填写货物的总毛重和总体积,应与装箱单一致。

(9) 运费与附加费(FREIGHT & CHARGES):注明是"FREIGHT PREPAID(运费预付)"还是 FREIGHT COLLECT"(运费到付)"。一般 CIF、CFR 术语由卖方办理运输,运费属于预付,FOB 术语由买方办理运输,运费属到付。

(10) 正本提单份数(NOS. OF ORIGINAL B/L):按合同或信用证要求的份数填写,船公司将按此要求签发正本份数。

(11) 集装箱的交接方式及货物种类:船公司交接集装箱的方式有 CY(或 FCL)、CFS(或 LCL)、DOOR,托运人可按要求和实际情况选择填写。船公司在装载过程中为方便照顾和保管货物,通常要求托运人注明货物种类,以方便装载。

(12) 可否转船、可否分批、装运期:按信用证或合同规定填写。

(13) 其他:如果托运人对货物在配载及时间上等有特殊要求,可在空白处注明。

4.4 制单练习

练习 1 厦门银城企业总公司(XIAMEN YINCHENG ENTERPRISE GENERAL CORP. 企业代码 3502010000)生产了一批虾仁,拟对外出口,货物备好后,准备租船订舱,请你根据信用证有关内容,填制"集装箱货物托运单"一份。设本信用证项下货物的交接方式为 CY—CY,整批货物被装在 2 个 20 英尺,编号分别为 EASU982341、EASU520142 的集装箱内。该批货物的合同号为 BEIT0412,体积为 50.93CBM,每个纸箱重 0.5KGS,唛头由受益人自行设计。信用证部分内容如下:

ISSUING BANK: FIRST ALABAMA BANK
106 ST. FRANCIS STREET MOBILE ALABAMA 36602 USA
BENEFICIARY: XIAMEN YINCHENG ENTERPRISE GENERAL CORP.
176 LUJIANG ROAD XIAMEN, CHINA

TELEX: 93052 IECTA CN, FAX: 86 - 592 - 2020396

APPLICANT: BAMA SEA PRODUCTS. INC.

1499 BEACH DRIVE S. E. ST PELERSBURG. FL 33701, USA

ADVISING BANK: THE BANK OF EAST ASIA LIMITED XIAMEN BRANCH

1/F HUICHENG BUILDING 837 XIAHE ROAD, XIAMEN, CHINA

TELEX: 93132 BEAXM CN, FAX: 86 - 592 - 5064980

DATE OF ISSUE: AUGUST 1, 2012

DC. NO. : E - B - 4590888A

FORM OF DC. : IRREVOCABLE

EXPIRY DATE AND PLACE: SEP. 15, 2012 IN CHINA

DRAFT AT: AT SIGHT

AMOUNT: USD 170,450.00

PARTIAL SHIPMENT: PERMITTED

TRANSSHIPMENT: PERMITTED ONLY FROM XIAMEN CHINA FOR TRANSPORTATION TO LONG BEACH, CA. USA. WITH FINAL PORT OF DESTINATION TAMPA, FL, USA.

SHIPMENT CONSISTS OF: 34,000KGS CHINESE SAND SHRIMP OR BIG HARD SHELL SHRIMP (FROZEN, RAW, PEELED, TAIL ON). CFR TAMPA FL. U. S. A.

PACKED 6×2KGS/CTN.

QUANTITY(KGS)	SIZE(MM)	UNIT PRICE(/KGS)	TOTAL
3,000	71/90	USD6.60	USD19,800.00
5,000	91/110	USD6.35	USD31,750.00
6,000	111/130	USD5.45	USD32,700.00
8,000	131/150	USD4.55	USD36,400.00
12,000	151/200	USD4.15	USD49,800.00

THE LATEST SHIPMENT DATE: AUGUST 31. 2012

DOCUMENTS REQUIRED:

1) FULL SET(3/3) CLEAN ON BOARD COMBINED TRANSPORT BILLS OF LADING CONSIGNED TO THE ORDER OF BAMA SEA PRODUCTS INC., 1499 BEACH DRIVE S. E., ST, PELERSBURG, FL. 33701 MARKED "FREIGHT PREPAID" NOTIFYING WILLIAMS CLARKE, INC., 603 NORTH FRIES AVENUE, WILMINGTON, CA 90744, USA. AND MUST INDICATE CONTAINER(S) NUMBER AND STATE THAT CONTAINER(S) HAVE BEEN MAINTAINED AT ZERO DEGREES CENTIGRADE OR BELOW.
2) COMMERCIAL INVOICE IN 3 COPIES INDICATING BREAKDOWN OF COST AND FREIGHT.
3) PACKING LIST IN 3 COPIES INDICATING NET WEIGHT AND GROSS WEIGHT OF EACH PACKAGE.
4) CERTIFICATE OF ORIGIN ISSUED BY CCPIT IN 1 ORIGINAL AND 2 COPIES.

Shipper(发货人)

Consignee(收货人)

D/R NO.(编号) | 上海中货

Notify Party(通知人)

集装箱货物托运单

船代留底

第二联

Pre-carriage by(前程运输) Place of Receipt(收货地点)

Ocean Vessel(船名) Voy. no.(航次) Port of Loading(装货港)

Port of Discharge(卸货港)	Place of Delivery(交货地点)	Final Destination for the Merchant's Reference(目的地)

Container No.(集装箱号)	Seal No. 封志号; Marks &No. s 唛头	No. of Containers or Packages 箱数或件数	Kind of Packages Description of Goods 包装种类与货名	Gross Weight 毛重(千克)	Measurement 尺码(立方米)

TOTAL NUMBER OF CONTAINERS OR PACKAGES(IN WORDS) 集装箱数或件数合计(大写)	

Freight &Charges(运费与附加费)	Revenue Tons(运费吨)	Rate(运费率)	Per(每)	Prepaid(运费预付)	Collect(运费到付)
Ex. Rate:(兑换率)	Prepaid at(预付地点)	Payable at(到付地点)		Place of Issue(签发地点)	
	Total Prepaid(预付总额)	No. s of Original B(s)/L(正本提单份数)			

Service Type on Receiving □—CY □—CFS □—DOOR	Service Type on Delivery □—CY □—CFS □—DOOR	Reefer - Temperature Required(冷藏温度)	°F	℃

TYPE OF GOODS(种类)	□Ordinary 普通 □ Reefer 冷藏 □Dangerous 危险品 □ Auto 裸装车辆 □Liquid 液体 □ Live Animal 活动物 □Bulk 散货 □________	危险品	Class: Property: IMDG Code Page: UN No.

可否转船:	可否分批:	
装期:	效期:	
金额:		
制单日期:		

练习 2　根据以下所给内容制作海运出口货物托运单一份。

卖方 THE SELLER：JIANGSU SUNRISE INT'L GROUP I/E CORP.
180 ZHONGJIANG RD，NANJING，CHINA

买方 THE BUYER：UNICORN CASE SA
SE－289 21 KNISLINGE，SWEDEN

起运港 PORT OF SHIPMENT：SHANGHAI，CHINA

目的港 PORT OF DESTINATION：OSLO，NORWAY

转运 TRANSSHIPMENT：NOT ALLOWED

分批 PARTIAL SHIPMENT：NOT ALLOWED

装运期限 LATEST SHIPMENT：2013/02/19

运费 FREIGHT：PREPAID

唛头 SHIPPING MARK：GLOBAL
CTN NO.：
CONTRACT：

商品描述 DESCRIPTION OF GOODS：TRAVEL BAGS，CIF OSLO，USD 6.40/PC

STYLE NO.	QUANTITY	GW	NW	MEAS.
4120	800PCS/80CTNS	10/800KGS	8/640KGS	@32×22×22CM
4122	600PCS/60CTNS	10/600KGS	8/480KGS	@44×32×22CM
4135	450PCS/50CTNS	10/500KGS	8/400KGS	@40×27×20CM

支付 PAYMENT：T/T

合同号 CONTRACT NO.：UC08A－703－C

单据DOCUMENTS：

BILL OF LADING ISSUED TO THE BUYER NOTIFY IS THE BUYER，MARKED 'FREIGHT PREPAID'.

INVOICE IN 3 FOLDS.

PACKING LIST IN 3 FOLDS.

Shipper (发货人)

D/R NO.(编号)

APL

Consignee (收货人)

集装箱货物托运单

船代留底

第二联

Notify Party (通知人)

Pre-Carriage by (前程运输)　　Place of Receipt (收货地点)

Ocean Vessel(船名) Voy. No. (航次) Port of Loading (装货港)

Port of Discharge(卸货港)　　Place of Delivery (交货地点)　　Final Destination for the Merchant's Refere(目的地)

Container No. (集装箱号)	Seal No. (封志号) Marks & No. s (标记与号码)	No. of Containers or Pkgs. (箱数或件数)	Kind of Packages: Description of Goods (包装种类与货名)	Gross Weight 毛重(千克)	Measurement 尺码(立方米)

TOTAL MUMBER OF CONTAINERS
OR PACKAGES(IN WORDS)
集装箱数或件数合计(大写)

Freight & Charges (运费与附加费)	Revenue Tons (运费吨)	Rate(运费率)	Per(每)	Prepaid(运费预付)	Collect (运费到付)

Ex. Rate: (兑换率)　　Prepaid at(预付地点)　　Payable at(到付地点)　　Place of Issue(签发地点)

练习 3　根据以下信用证的有关内容，填制"集装箱货物托运单"一份。

DC NO.：1－01－F－05776 DATED 13.08.10

BENEFICIARY：CHINA NATIONAL LIGHT PORDUCTS I/E CORP. JIANGSU (GROUP). 2, QIAO GUANG ROAD, NANJING.

APPLICANT：EVES DISTRIBUTORS LTD.
2C SUNBURY INDUSTRIAL ESTATE, WALKINSTOWN DUBLIN 12, IRELAND.

...

SHIPMENT：SHIPMENT FROM SHANGHAI TO DUBLIN, IRELAND, LATEST 13.09.30. PARTIAL SHIPMENTS ARE ALLOWED, TRANSSHIPMENT ARE ALLOWED.

DESCRIPION：1,100 PIECES "HELM" BRAND WALL COLOCKS.

SHIPPING MARKS：E V E S
DUBLIN
MADE IN CHINA

...

DOCUMENTS REQUIRED：

FULL SET ORIGINAL CLEAN ON BOARD OCEAN BILLS OF LADING MADE OUT TO ORDER ENDORSED IN BLANK, MARKED FREIGHT PREPAID NOTIFY

1) EVES DISTRIBUTORS LTD., 2C SUNBURY INDUSTRIAL ESTATE, WALKINSTOWN DUBLIN 12, IRELAND.

2) FIDELITY MERCANTILE CO., LTD., G. P. O. BOX 890, HONG KONG.

THE GOODS ARE PACKED IN 110 CASES, NET WEIGHT：1,105 KGS,
GROSS WEIGHT：1,895KGS, MEAS：6.55CBM.

Shipper（发货人）	D/R NO.（编号） APL
Consignee（收货人）	集装箱货物托运单 船代留底　　第二联
Notify Party（通知人）	
Pre-Carriage by（前程运输）　Place of Receipt（收货地点）	
Ocean Vessel（船名）Voy. No.（航次）Port of Loading（装货港）	
Port of Discharge（卸货港）　Place of Delivery（交货地点）　Final Destination for the Merchant's Refere（目的地）	

Container No.（集装箱号）	Seal No.（封志号）Marks & No. s（标记与号码）	No. of Containers or Pkgs.（箱数或件数）	Kind of Packages: Description of Goods（包装种类与货名）	Gross Weight 毛重（千克）	Measurement 尺码（立方米）

TOTAL MUMBER OF CONTAINERS
OR PACKAGES(IN WORDS)
集装箱数或件数合计（大写）

FREIGHT &CHARGES（运费与附加费）	Revenue Tons（运费吨）	Rate（运费率）	Per（每）	Prepaid（运费预付）	Collect（运费到付）

Ex. Rate:（兑换率）　Prepaid at（预付地点）　Payable at（到付地点）　Place of Issue（签发地点）

实训 5　填制报检单

5.1　实训目的

通过实训，学习者应了解出口商品报检的规定和要求，掌握出口商品报检的程序、商检证书的种类和作用，掌握出境货物报检单的填制方法及要求，并能够根据要求填制出境货物报检单。

5.2　商检证单简介

出入境检验检疫证单包括证书和凭单两类。它是由检验检疫机构依照国家法律、法规和国际惯例等要求，对出入境货物、交通运输工具、人员等进行检验检疫和监督管理后签发的结果证明文书。其中，证书有品质检验证书、重量或数量检验证书、兽医/卫生证书、植物检疫证书、健康证、熏蒸/消毒证等等，是证明卖方所交货物与合同规定是否相符的依据。凭单主要有通关单、换证凭单、运输包装性能结果单等，是海关通关验放的有效凭证。

我国对进出口商品的检验检疫有法定检验和鉴定业务两类，需要检验检疫的进出口商品，均要在报关前向商检机构申请报检。我国办理进出口商品检验检疫的官方机构是中国出入境检验检疫局(CIQ)及其各分支机构。凡属法定检验范围内的出口商品，商检机构检验合格后一律签发出境货物通关单，海关凭此接受报关；凡不属法定检验但需要商检证书的商品，商检机构检验合格后即发给相应证书，银行凭之予以结汇。

未经商检机构检验发证或者经检验检疫不合格的商品不准出口和进口。

5.3　出境货物报检单的制单要点

出口商品的发货人一般应在货物装运出口前至少 10 天，填制出境货物报检单向当地商检机构申请报检，一批商品一份报检单，商检机构检验检疫合格后出具相关证单。

出境货物的报检工作由持证的报检员专职负责，出境货物报检单上应由报检单位加盖企业公章，准确填写企业在检验检疫机构登记的报检单位登记号、单位联系人及其电话。报检单所列各栏(带“＊”标记的除外)必须填写完整和准确，不能涂改、不得留空，栏目内容确实无法填写的以“＊＊＊”表示。其具体填制要求如下：

(1) 发货人：合同的卖方或信用证的受益人，即出口企业。填中英文名称。

(2) 收货人：合同的买方或信用证的开证申请人。填中英文名称，没有中文名称的只填英文名称。

(3) 货物名称、HS编码、产地、数/重量、货物总值、包装种类及件数、货物存放地点、合同号、信用证号、发货日期、生产单位注册号、集装箱、标记等：按实际填写，并与发票和装箱单一致，散装货的包装种类及件数填“IN BULK”。

(4) 运输工具名称号码：按实际填写。报检时如未能确定运输工具编号，可只填写运输工具类别。如海运方式下，填“船舶”，航空运输方式下，填“飞机”。

(5) 贸易方式：按要求分别填写为A一般贸易、B三来一补、C边境贸易、D进料加工、E其他贸易。

(6) 用途：指本批货物出境的用途。货物的用途分为9种，分别为：种用或繁殖、食用、奶用、观赏或演艺、伴侣动物、试验、药用、饲用、其他等。

(7) 输往国家(地区)：即出口货物的最终销售国。

(8) 许可证/审批号：须办理出境许可证或审批的货物应填写有关许可证或审批号，并在“随附单据”栏标注许可审批文件。

(9) 启运地、到达口岸：填货物运输工具的出境启运口岸和目的地停靠口岸的城市名称。

(10) 合同、信用证订立的检验检疫条款或特殊要求：如果有，应照实抄写。

(11) 随附单据：在相应方框内打“√”或补填。一般商品报检时，随附单据应有合同、发票、装箱单、信用证等。实施卫生注册及质量许可证管理的货物，要有卫生注册证及厂检合格单。法检商品的外包装报检时，应有包装性能结果单。在本地出口的外地货物报检时，应有换证凭单。

(12) 需要证单名称：在相应的证单上打“√”或补填，并注明所需的正副本数量。

5.4 制单练习

练习1　根据实训4的练习1中有关信用证的要求，填制“出境货物报检单”一份，要求中国出入境检验检疫机构经检验后出具重量证书、健康证书和质量检验证书。商品的HS编码为0306.1311，存放于工厂仓库。信用证内容增加以下部分：

DOCUMENTS REQUIRED:

WEIGHT, HEALTH AND QUALITY CERTIFICATES IN ONE FOLD ISSUED BY ENTRY-EXIT INSPECTION AND QUARANTINE OF THE PEOPLE'S REPUBLIC OF CHINA.

中华人民共和国出入境检验检疫

出境货物报检单

报检单位(加盖公章)：　　　　　＊编号

报检单位登记号：　　　联系人：　　　电话：　　　　报检日期：　　年　　月　　日

发货人	(中文)	
	(外文)	
收货人	(中文)	
	(外文)	

货物名称(中/外文)	H. S. 编码	产地	数/重量	货物总值	包装种类及件数

运输工具名称号码		贸易方式		货物存放地点	
合同号		信用证号		用途	
发货日期		输往国家(地区)		许可证/审批号	
启运地		到达口岸		生产单位注册号	

集装箱规格、数量及号码	

合同、信用证订立的检验检疫条款或特殊要求	标记及号码	随附单据(划"√"或补填)	
		□合同	□厂检单
		□信用证	□包装性能结果单
		□发票	□许可/审批文件
		□换证凭单	□
		□装箱单	□

需要证单名称(划"√"或补填)						＊检验检疫费
□品质证书	正	副	□动物卫生证书	正	副	总金额(人民币元)
□重量证书	正	副	□植物检疫证书	正	副	
□数量证书	正	副	□熏蒸/消毒证书	正	副	计费人
□兽医卫生证书	正	副	□出境货物换证凭单	正	副	
□健康证书	正	副	□通关单	正	副	收费人
□卫生证书	正	副	□			

报检人郑重声明： 1. 本人被授权报验。 2. 上列填写内容正确属实，货物无伪造或冒用他人的厂名、标志、认证标志，并承担货物质量责任。 签名：	领取证单 日期 签名

注：有＊号的栏目由商检机构填写。　　　　◆国家出入境检验检疫局制

练习 2　根据下列资料，填制出境货物报检单一份，要求中国出入境检验检疫局出具品质检验证明书 2 份。

中韩合资大连海天服装有限公司在来料加工合同 9911113 项下海运出口男、女羽绒短上衣一批。上述男、女羽绒上衣分列加工贸易手册（编号 B09009301018）第 2、3 项，计量单位为：件/千克，货物现存放于公司仓库内。该公司的报检员李丽于 2016 年 4 月 12 日准备向大连出入境检验检疫局报检，其手机号为 13911111111，有关货物的其他资料如下所示：

（1）THE SELLER：DALIAN HAITIAN GARMENT CO.，LTD. 中韩合资大连海天服装有限公司（2115930064）。

（2）THE BUYER：WAN DO APPAREL CO. LTD.，550－17，YANGCHUN-GU，SEOUL，KOREA.

（3）PORT OF LOADING：DALIAN CHINA，FINAL DESTINATION：INCHON KOREA，CARRIER：DAIN/431E.

（4）TERMS OF PAYMENT：DOCUMENTS AGAINST ACCEPTANCE.

（5）COMMODITY

PACKAGES	DESCRIPTION	QUANTITY	UNIT PRICE	AMOUNT
		FOB DALIAN CHINA		
130CTNS	LADY'S JUMPER	1,300PCS	@＄11.00	USD14,300.00
130CTNS	MAN'S JUMPER	1,300PCS	@＄11.00	USD14,300.00
AS PER S/C NO. 201347－JH				
TOTAL		2,600PCS		USD28,600.00

（6）INVOICE NO.：HT01A08.

（7）NW：2,600KGS，GW：3,380KGS.

（8）CONTAINER NO.：1×40'EASU9608490，集装箱自重 4,000 KGS。

（9）货物由大连亚东国际货运有限公司于 2016 年 4 月 25 日向大连海关申报出口，提单日期为 2016 年 4 月 26 日。

（10）该男、女羽绒短上衣的商品编码分别为 62019310、62021310。

（11）SHIPPING MARKS：APPAREL

INCHON

MADE IN CHINA

1－260

（12）大连海天服装有限公司的生产单位注册号为：211××××××，在出入境检验检疫局登记的报检单位登记号为：2××××××。

中华人民共和国出入境检验检疫

出境货物报检单

报检单位(加盖公章)： ＊编号

报检单位登记号： 联系人： 电话： 报检日期： 年 月 日

发货人	(中文)
	(外文)
收货人	(中文)
	(外文)

货物名称(中/外文)	H. S. 编码	产地	数/重量	货物总值	包装种类及件数

运输工具名称号码		贸易方式		货物存放地点	
合同号		信用证号		用途	
发货日期		输往国家(地区)		许可证/审批号	
启运地		到达口岸		生产单位注册号	
集装箱规格、数量及号码					

合同、信用证订立的检验检疫条款或特殊要求	标记及号码	随附单据(划“√”或补填)	
		□合同 □信用证 □发票 □换证凭单 □装箱单	□厂检单 □包装性能结果单 □许可/审批文件 □ □

需要证单名称(划“√”或补填)						＊检验检疫费
□品质证书	正	副	□动物卫生证书	正	副	总金额 (人民币元)
□重量证书	正	副	□植物检疫证书	正	副	
□数量证书	正	副	□熏蒸/消毒证书	正	副	计费人
□兽医卫生证书	正	副	□出境货物换证凭单	正	副	
□健康证书	正	副	□通关单	正	副	收费人
□卫生证书	正	副	□			

报检人郑重声明： 1. 本人被授权报验。 2. 上列填写内容正确属实，货物无伪造或冒用他人的厂名、标志、认证标志，并承担货物质量责任。 签名：	领取证单 日期 签名

注：有＊号的栏目由商检机构填写 ◆国家出入境检验检疫局制

实训 6　填制出口货物报关单

6.1　实训目的

通过实训，学习者应掌握我国出口货物报关单的基本内容及填制要求，能根据合同、信用证等资料填制出口货物报关单。

6.2　出口货物报关单简介

报关单是由报关员按照海关规定格式填制的申报单，以此要求海关按适用的海关制度对其进出口货物办理海关通关手续。它是海关对进出口货物进行监管、征税、统计以及开展稽查、调查的重要依据，也是出口退税和外汇管理的重要凭证，还是海关处理进出口货物走私、违规案件及税务、外汇管理部门查处骗税、逃套汇犯罪活动的重要书证。申报人必须如实填写，并对所填报内容的真实性和准确性承担法律责任。

报关单包括：进出口货物报关单、特殊监管区域进出境备案清单、进出口货物集中申报清单、ATA 单证册、过境货物报关单、快件报关单，等等。其中，进出口货物报关单是进出口货物的收、发货人或其代理人向海关办理货物进出境手续的主要单证。

任何货物的申报，都必须有报关单。

企业申报出口，应当办好货物的出口托运手续，并将货物运抵出境地海关监管区，在装货的 24 小时前，向海关提交报关单、基本单据和特殊单据等三类单据。其中，基本单据包括商业发票、装箱单、托运单的“装货单”联等；特殊单据包括进出口许可证件、加工贸易电子化手册和电子账册、特定减免税证明、原产地证明书、贸易合同等。

出口货物报关单由海关总署统一印制，一式五联，分别是海关作业联、企业留存联、海关核销联、出口收汇证明联、出口退税证明联。

6.3　制单要点

我国出口货物报关单用中文填写，同一张纸质单据上最多可填 5 项海关统计商品编号的商品，一份报关单可同时填报 50 项商品。不同合同、不同运输工具名称、不同监管方式、不同征免性质以及不同许可证号的货物，不能使用同一份报关单进行申报。

根据海关总署 2016 年第 20 号公告“关于修订《中华人民共和国海关进出口货物报关单填制规范》”，出口货物报关单上除“预录入编号”“海关编号”由申报地海关决定之外，其余各项均由报关员填写，具体填制要求如下：

(1) 发货人：填写在海关注册的对外签订并执行出口合同的中国境内法人、其他组织或个人的名称及编码。编码可选填18位法人和其他组织统一社会信用代码或10位海关注册编码的任一项。

(2) 出口口岸:应根据货物实际出境的口岸海关,填报海关规定的《关区代码表》中相应口岸海关的名称及代码。

(3) 出口日期、申报日期:按年、月、日顺序用8位阿拉伯数字表示。

(4) 生产销售单位:填写出口货物在境内的生产或销售单位的名称。

(5) 运输方式:包括实际运输方式和海关规定的特殊运输方式。前者指货物实际出境的运输方式,按出境所使用的运输工具分为水路、公路、铁路、航空、邮件和其他(如驮畜、管道等)运输;后者指货物无实际进出境的运输方式,按货物在境内的流向分为非保税区、保税区、监管仓库、保税仓库、物流中心等。

(6) 运输工具名称:填报载运货物进出境的运输工具名称或编号。应与运输部门向海关申报的舱单(载货清单)所列内容相一致。其中,直接在出境地或采用区域通关一体化通关模式办理报关手续时,水路运输填报船舶编号(来往港澳小型船舶为监管簿编号)或者船舶英文名称;公路运输,启用公路舱单前,填报该跨境运输车辆的国内行驶车牌号,启用公路舱单后,免予填报;铁路运输填报车厢编号或交接单号;航空运输填报航班号;邮件运输填报邮政包裹单号;其他运输填报具体运输方式名称。

(7) 提运单号:填报出口货物的提单或运单编号,一份报关单只能填报一个提运单号,一票货物对应多个提单或运单时,应分单填报。

(8) 申报单位:自理报关的,填报出口企业的名称及编码;委托代理报关的,填报关企业的名称及编码。

(9) 监管方式:是指以国际贸易中进出口货物的交易方式为基础,结合海关对进出口货物的征税、统计及监管条件综合设定的海关对进出口货物的管理方式,分为一般贸易、来料加工、进料加工、补偿贸易等。应根据实际对外贸易情况按海关规定的《监管方式代码表》选择填报相应的监管方式简称及代码。

(10) 征免性质:应根据实际情况按海关规定的《征免性质代码表》选择填报相应的征免性质简称及代码,持有海关核发的《征免税证明》的,应按照《征免税证明》中批注的征免性质填报。

(11) 备案号:填报出口货物发货人、生产销售单位在海关办理加工贸易合同备案或征、减、免税备案审批等手续时,海关核发的《加工贸易手册》《征免税证明》或其他备案审批文件的编号。本栏应与监管方式栏相对应,例如:本栏空白时,监管方式填“一般贸易”;本栏第一位字母为B或C时,监管方式分别填“来料加工”或“进料加工”。

(12) 贸易国(地区):填报与境内企业签订贸易合同的外方所属国家(地区),即售予国(地区);未发生商业性交易的,填货物所有权拥有者所属的国家(地区);无实际出境的,填报“中国”。

(13) 运抵国(地区):填报出口货物离开我国关境直接运抵或者在运输中转国(地区)未发生任何商业性交易的情况下最后运抵的国家(地区)。经过第三国(地区)转运的货物,如在中转国(地区)发生商业性交易,则以中转国(地区)为运抵的国家(地区)。

(14) 指运港:填报出口货物运往境外的最终目的港。

(15) 境内货源地:填报出口货物在国内的产地或原始发货地,产地难以确定的,填最早发运该出口货物的单位所在地。

(16) 许可证号:填报以下许可证的编号:出口许可证、两用物项和技术出口许可证、两用物项和技术出口许可证(定向)、纺织品临时出口许可证。

(17) 成交方式:即实际成交的贸易术语。

(18) 运费、保费、杂费:运费和保费是指货物运至我国境内输出地点装载后的运输和保险费用。杂费指成交价格以外的、应计入完税价格或应从完税价格中扣除的费用。其填制标准为:货币币种代码/实际费用/费用标记。常用的货币币种代码有:502 为美元,300 为欧元,116 为日元,142 为人民币;费用标记有 1、2、3 三种,其中 1 表示费率,2 表示单价,3 表示总价。例如,7 300 美元的运费总价填报为 502/7 300/3,6‰的保险费率填报为 0.6/1。

(19) 合同协议号:填写出口合同或订单的号码。

(20) 件数:有外包装的货物,填报实际件数(只能是数字);裸装货物填“1”。

(21) 包装种类:填写货物的实际外包装名称,如木箱、纸箱、铁桶、裸装、散装等。

(22) 毛重、净重(千克):按照装箱单填写实际重量。不足 1 千克的填“1”。

(23) 集装箱号:填报装载出口货物(包括拼箱货物)集装箱的箱体信息。一个集装箱填一条记录,填写规则为:集装箱号码/集装箱规格/集装箱自重。非集装箱货物填报为“0”。

(24) 随附单据:本栏填报上述第(16)条“许可证号”之外的其他出口许可证件或海关监管证件代码及编号。

(25) 标记唛码及备注:本栏应填报:唛头中除图形以外的文字和数字;与本报关单有关联关系的,同时在业务管理规范方面又要求填报的备案号和报关单号;跨境电子商务出口货物时,填“跨境电子商务”;集装箱号栏中其余的集装箱号码;其他申报时需说明的情况等。

(26) 项号:分两行填写,第一行填写报关单中的商品顺序号,如 01、02 等;第二行专用于加工贸易、减免税等已备案审批的货物,填写该项货物在《加工贸易手册》或《征免税证明》中的序号。

(27) 商品编号:填报海关核定的商品的 10 位 HS 编码。

(28) 商品名称、规格型号:分两行填写,第一行填写出口货物规范的中文商品名称,第二行填写规格型号,过长可换行。

(29) 数量及单位:分三行填写,第一行、第二行分别填写出口货物的海关法定第一、第二计量单位及数量,第三行填写合同成交计量单位及数量。

(30) 最终目的国(地区):填已知的出口货物最后交付的国家(地区)名称,也即货物实际消费、使用或做进一步加工制造的国家(地区)名称。

(31) 单价、总价、币制:按实际填写。

(32) 征免:应按海关核发的《征免税证明》或有关政策规定的征、减、免税方式填写,有照章、全免、特案、随征免性质、折半征税等。备案征免为“保金”或“保函”的,应填写“全免”。

(33) 特殊关系确认:如果确认出口行为中买卖双方存在有特殊关系,本栏应填写“是”,反之则填写“否”。例如,买卖双方为同一家族成员,或买卖双方互为商业上的高级职员或者董事,或一方直接或者间接地受另一方控制,或买卖双方都直接或者间接地受第三方控制等,均可认定出口行为中买卖双方存在特殊关系。

(34) 价格影响确认:如果出口行为中买卖双方存在有特殊关系,且影响了货物的成交价格,本栏应填写“是”,反之则填写“否”。

(35) 支付特许权使用费确认:如果出口行为中买方存在向卖方或者有关方直接或者间接支付特许权使用费的,本栏应填写“是”,反之则填写“否”。特许权使用费是指出口货物的买方为取得专利权、商标权、专有技术、著作权、分销权或者销售权的许可或者转让而支付的费用。

6.4 制单练习

练习1　根据实训5练习2所列资料，填制出口货物报关单一份。注意：出口商的货物由进口商独家代理销售，但其成交价格未受双方关系的影响，买方也未支付特许权使用费。

中华人民共和国海关出口货物报关单

预录入编号：　　　　　　　　　　　　　　　　海关编号：

<table>
<tr><td colspan="2">收发货人</td><td colspan="2">出口口岸</td><td>出口日期</td><td>申报日期</td></tr>
<tr><td colspan="2">生产销售单位</td><td>运输方式</td><td colspan="2">运输工具名称</td><td>提运单号</td></tr>
<tr><td colspan="2">申报单位</td><td colspan="2">监管方式</td><td>征免性质</td><td>备案号</td></tr>
<tr><td>贸易国(地区)</td><td colspan="3">运抵国(地区)</td><td>指运港</td><td>境内货源地</td></tr>
<tr><td>许可证号</td><td>成交方式</td><td colspan="2">运费</td><td>保费</td><td>杂费</td></tr>
<tr><td>合同协议号</td><td>件数</td><td colspan="2">包装种类</td><td>毛重(千克)</td><td>净重(千克)</td></tr>
<tr><td>集装箱号</td><td colspan="5">随附单证</td></tr>
<tr><td colspan="6">标记唛码及备注</td></tr>
<tr><td colspan="6">项号　商品编号　商品名称、规格型号　数量及单位　最终目的国(地区)　单价　总价　币制　征免</td></tr>
<tr><td colspan="6"></td></tr>
<tr><td colspan="6">特殊关系确认：　　　　价格影响确认：　　　　支付特许权使用费确认：</td></tr>
<tr><td colspan="2">录入员　录入单位</td><td colspan="3" rowspan="2">兹申明对以上内容承担如实申报、依法纳税之法律责任

申报单位(签章)</td><td rowspan="2">海关批注及签章</td></tr>
<tr><td colspan="2">报关人员</td></tr>
</table>

练习 2　根据以下所列资料填制出口货物报关单一份。注意：买卖双方无特殊关系，成交价格未受影响，买方也未支付特许权使用费。

深圳市电子进出口有限公司与 SUNLIT TRADE GMBH PEUTESTRASSE 6A－75589，HAMBURG，GERMANY 所签第 SSAB01－0032 合同项下商品情况如下：

CAR SPEAKER	PY－1009A	6,720 PAIRS	560CTNS	USD3.30/PAIR
	PY－6960A	1,705 PAIRS	341CTNS	USD17.10/PAIR
				TOTAL USD51,331.50

2015 年 5 月 28 日，深圳市电子进出口有限公司收到了一份 STATE BANK OF GERMANY，HAMBURG，GERMANY 于 2016 年 5 月 26 日开来的信用证，购买汽车喇叭，信用证号码为 GSN118488LY，金额为 USD51,331.50，CIF BREMEN 条件，该公司立即与深圳市翔达电声器材厂联系，并签了合同 EL2013－321。商品的有关情况如下：

汽车喇叭	PY－1009A	6,720 对	RMB25.00/对	RMB168,000.00
	PY－6960A	1,705 对	RMB136.00/对	RMB231,880.00
				TOTAL RMB 399,880.00

货备好后，深圳市电子进出口有限公司于 2016 年 6 月 9 日向深圳蛇口海关申报出口，将货装上了船名为深圳海，航次 661 的海轮运送出海，B/L NO.：SSAB01－001，NW：5.065MT，GW：5.966MT，唛头 N/M，2×20'FCL：APLU7891012/7891013，海关计量单位：对/个，运费为 USD3,000.00，保费率为 0.69%。商品编码为 8518.2100。设集装箱自重为 2,612 KGS。

中华人民共和国海关出口货物报关单

预录入编号：　　　　　　　　　　　　　　　　海关编号：

收发货人	出口口岸		出口日期	申报日期
生产销售单位	运输方式	运输工具名称		提运单号
申报单位	监管方式		征免性质	备案号
贸易国（地区）	运抵国（地区）		指运港	境内货源地
许可证号	成交方式	运费	保费	杂费
合同协议号	件数	包装种类	毛重（千克）	净重（千克）
集装箱号	随附单证			
标记唛码及备注				

项号	商品编号	商品名称、规格型号	数量及单位	最终目的国（地区）	单价	总价	币制	征免

特殊关系确认：　　　　　价格影响确认：　　　　　支付特许权使用费确认：

录入员　录入单位	兹申明对以上内容承担如实申报、依法纳税之法律责任	海关批注及签章
报关人员	申报单位（签章）	

练习3 **下列是昆山华成织染有限公司对外出口的有关资料，请据此填制出口货物报关单一份。注意：买卖双方无特殊关系，成交价格未受影响，买方也未支付特许权使用费。**

（1）SOME MESSAGE FROM S/O AND PACKING LIST：

ALL THE GOODS ARE PACKAGED IN 2×20' CONTAINERS，AND CONTAINER NO.：HSTU157504，TSTU156417，B/L NO.：SHANK00710，VESSEL NAME：DANUBHUM/S009. GW：14,077.00KGS，NW：12,584.00KGS，MEAS：35CBM，NO. S AND PACKAGES：3,298 ROLLS(捆).

SHIPPMENT NOT LATE THAN APRIL 15，2016

（2）该批出口货物为进料加工贸易，加工手册编号：C2357402136，商品编码为5407.1010，买方在装运前电汇付款，船公司核定的运费率为5%，保险公司收取保费100美元，昆山公司委托上海亚东国际货运有限公司于2016年4月10日向上海宝山海关申报出口。设集装箱自重为2,500 KGS。

（3）昆山公司的发票如下：

昆山华成织染有限公司（企业编号：3223940019）

KUNSHAN HUACHENG WEAVING AND DYEING CO.，LTD

8 HUACHEN RD.，LUJIA ZHEN，JIANGSU，CHINA

INVOICE

NO.：KHW－218

DATE：2016.04.02

TO：YOU DA TRADE CO.，LTD.

101 QUEENS ROAD CENTRAL，HONGKONG

TEL：852－28566666

FROM SHANGHAI TO HONGKONG BY SHIP

MARKS	DESCRIPTION	QUANTITY	UNIT PRICE	AMOUNT
YOU DA HONGKONG R/NO.：1－3298	100% NYLON FABRICS	100,000YARDS CIF HONGKONG	USD0.3368/YD	USD33,680.00
AS PER CONTRACT NO. 99WSO61				

TOTAL 100,000YARDS USD33,680.00

SAY US DOLLARS THIRTY THREE THOUSAND SIX HUNDRED AND EIGHTY ONLY.

中华人民共和国海关出口货物报关单

预录入编号：　　　　　　　　　　　　　　海关编号：

收发货人	出口口岸	出口日期	申报日期	
生产销售单位	运输方式	运输工具名称	提运单号	
申报单位	监管方式	征免性质	备案号	
贸易国(地区)	运抵国(地区)	指运港	境内货源地	
许可证号	成交方式	运费	保费	杂费
合同协议号	件数	包装种类	毛重(千克)	净重(千克)
集装箱号	随附单证			
标记唛码及备注				

项号	商品编号	商品名称、规格型号	数量及单位	最终目的国(地区)	单价	总价	币制	征免

特殊关系确认：　　　　价格影响确认：　　　　支付特许权使用费确认：

录入员　录入单位	兹申明对以上内容承担如实申报、依法纳税之法律责任	海关批注及签章
报关人员	申报单位(签章)	

实训 7　填制投保单和保险单

7.1　实训目的

通过实训，学习者应了解国际货物运输保险的投保程序，了解保险单据的作用和种类，掌握国际货物运输保险投保单以及保险单的内容和缮制要求，会根据合同或信用证要求缮制国际货物运输保险投保单和保险单。

7.2　保险单据简介

出口货物在长途运送和装卸过程中，有可能会因自然灾害、意外事故或其他外来因素而导致受损。为了保障收货人在货物受损后能获得经济补偿，货主在货物出运前，都向保险公司办理有关货物的投保事宜。

在 CIF、CIP 等合同中，办理保险是卖方的基本义务之一，因此保险单据就成为卖方向买方提供的出口结汇单据之一。

保险单据有保险单(INSURANCE POLICY)、保险凭证(INSURANCE CERTIFICATE)、保险批单(INSURANCE ENDORSEMENT)和预约保单(OPEN COVER)等各种类别，其中我国出口贸易中最常使用的是保险单。由于保险单是保险人即保险公司单方面签署的，所以它只是保险人与被保险人之间订立保险合同的证明，而不是保险合同。

出口企业向保险公司办理保险手续时，首先须按合同或信用证要求填写出口货物运输保险投保单交给保险公司进行投保，保险公司若接受了投保，就根据投保单出具一份承保凭证即保险单，该保险单经出口方确认后签发。当被保险货物遭受到承保责任范围内的损失时，保险单是索赔和理赔的依据。

有时，出口方也可以以出口货物明细单或出口发票副本来代替投保单，但必须加注如运输工具、起航日期、承保险别、投保金额或投保加成率、赔款地、保单份数等内容。

7.3　制单要点

不同的保险公司都有自己固定的投保单和保险单格式，其格式和内容基本相似，保险单的基本内容及缮制要点如下：

(1) 被保险人(INSURED)：按合同或信用证的规定填写，一般为出口商。由于按 CIF、CIP 等术语对外成交时，卖方办理保险属代办性质，因此若保险单载明的被保险人为出口商时，出口商应对保险单进行背书，以使权益转让给买方。

(2) 赔款偿付地点(CLAIM PAYABLE AT)：一般为目的地，并同时注明赔款所使用的货币币种。填制规范为“赔款地 IN 货币币种”，如 OSLO IN EUR 表示在奥斯陆用欧元进行赔付。

(3) 发票或提单号码(INVOICE NO. OR B/LNO.)：按实际号码填写，在出口业务中一般只填写发票号。

(4) 运输工具(PER CONVEYANCE S. S.)、起运日期(SLG. ON OR ABT.)：在出口业务中，保险的办理早于货物的装船日期，因此保险公司在出具保单时，具体的运输工具及起运日期还不能最终确定，为了与运输单据保持一致，运输工具和起运日期这两栏均填“AS PER B/L”。也有的保险单在运输工具栏事先印有“校对”字样，此种情况下，保险公司在出具保单时将本栏空白，待出口方汇总了全套单据后，再由单证工作人员对照提单将船名手写在本栏。

(5) 起讫地点(FROM … TO …)：保单上的起讫地点决定了保险公司承保责任范围的起讫，因此必须注明。本栏填写合同规定的装运港和目的港名称，若有中转港也应注明。

(6) 保险金额(AMOUNT)：保险金额即货物发生全损时保险公司应该赔付的总金额，包括大小写两部分，一般为发票金额加上投保加成后的金额。保险公司能够接受的投保加成率一般为 10%～30%。保险金额一般保留整数位，使用的货币币种和投保加成率应与合同或信用证的规定相符。

(7) 保险货物项目、标记、数量及包装(DESCRIPTION, MARKS, QUANTITY & PACKING OF GOODS)：本栏按发票、装箱单相关内容填写。其中商品描述可用商品的大类名称，数量及包装只填总数量和总包装件数。若为散装货，则应先注明“IN BULK”，再填重量。

(8) 承保险别(CONDITIONS)：按合同或信用证规定的保险险别填写，并注明适用的保险条款及相应的版本。如：COVERING ALL RISKS AS PER OCEAN MARINE CARGO CLAUSES (1981. 1. 1)OF THE CIC. CLAUSES。

(9) 保单号(POLICY NO.)和保险勘查代理人(SURVEY BY)：由保险公司自定。保单号由保险公司自行编发。保险勘查代理人要有详细地址和联系方式，以便货到目的地后收货人提货时发现损失能够及时通知其进行勘查定损和理赔。其地址和联系方式由保险公司提供，一般为保险公司在目的港的代理人或分公司。

(10) 保险费(PREMIUM)及费率(RATE)：由保险公司和被保险人自行商量确定，保险公司对不同的被保险人可能有不同的收费标准，故保单上一般已事先印好“AS ARRANGED”字样，不需填写。

(11) 签单日期(DATE)：保险单的签发日期必须早于运输单据的签发日期，这样才能证明货物是在装运前办理的投保手续。

(12) 保险公司签章(SIGNATURE)：保险单经投保人审核、确认后，保险公司即加盖“保险专用章”并签字，此时保险单正式生效。

7.4 制单练习

练习 1　参照实训 2 的练习 2 及实训 3 的练习 2 的有关内容，填制货物运输保险投保单和保险单(保险单如需背书，请在背面注明)。保险查勘代理人是中国平安保险股份有限公司曼谷分公司。

中国平安保险股份有限公司

PING AN INSURANCE COMPANY OF CHINA, LTD.

进 出 口 货 物 运 输 险 投 保 单

APPLICATION FOR IMP/EXP TRANPORTATION INSURANCE

被保险人 Insured:

本投保单由投保人如实填写并签章后作为向本公司投保货物运输保险的依据，本投保单为该货物运输保险单的组成部分。The Applicant is required to fill in the following items in good faith and as detailed as possible, and affix signature to this application, which shall be treated as proof of application to the Company for cargo transportation insurance and constitute an integral part of the insurance policy.

<table>
<tr><td colspan="3">兹拟向中国平安财产保险股份有限公司投保下列货物运输保险：
Herein apply to the Company for Transportation Insurance of following cargo:

请将保险货物项目、标记、数量及包装注明此上。
Please state items, marks, quantity and packing of cargo insured here above.</td><td colspan="3">请将投保的险别及条件注明如下：
Please state risks insured against and conditions:
( ) PICC (C. I. C.) Clause
( ) ICC Clause
( ) All Risks
( ) W. A.
( ) F. P. A.
( ) ICC Clause A
( ) ICC Clause B
( )ICC Clause C
( ) Air TPT All Risks
( ) Air TPT Risks
( ) O/L TPT All Risks
( ) O/L TPT Risks
( ) War Risks( )
( ) S. R. C. C.
( ) W/W
( ) TPND
( ) FREC
( ) IOP
( ) RFWD
( ) Risk of Breakage
( ) Risks during
( ) transshipment</td></tr>
<tr><td colspan="6">装载运输工具(船名/车号)： per conveyance S. S.   船龄：Age of Vessel   集装箱运输：Container Load 是□ Yes 否□ No   整船运输：Full Vessel Charter 是□ Yes 否□ No</td></tr>
<tr><td colspan="3">发票或提单号
Invoice No. or B/L No.</td><td colspan="3">开航日期：Slg. On or abt.   年 Year   月 Month   日 Day</td></tr>
<tr><td colspan="6">自：From: 国 Country   港/地 Port   经：Via: 港/地 Port   至：To: 国 Country   港/地 Port</td></tr>
<tr><td colspan="3">发票金额
Invoice Value:</td><td colspan="3">保险金额
Amount Insured:</td></tr>
<tr><td colspan="3">费率
Rate:</td><td colspan="3">保险费
Premium:</td></tr>
<tr><td colspan="6">备注
Remarks:</td></tr>
<tr><td colspan="6">投保人兹声明上述所填内容属实，同意以本投保单作为订立保险合同的依据；对贵公司就货物运输保险条款及附加险条款(包括责任免除和投保人及被保险人义务部分)的内容及说明已经了解。
I declare that above is true to the best of my knowledge and belief, and hereby agree that the application be incorporated into the policy. I have read and understand the company's cargo transportation insurance and extensions(including the exclusions and the applicant's or insured's obligations).
投保人签章：Name/Seal of Proposer   联系地址：Address of Proposer
送单地址：Delivery Address: 同上□ Ditto   或 or   电话：Tel: 日期：Date: 年 year 月 month 日 day</td></tr>
</table>

中国平安保险股份有限公司

PING AN INSURANCE COMPANY OF CHINA, LTD.

NO. 1000005959

货 物 运 输 保 险 单

CARGO TRANPORTATION INSURANCE POLICY

被保险人：Insured

中国平安保险股份有限公司根据被保险人的要求及其所交付约定的保险费，按照本保险单背面所载条款与下列条款，承保下述货物运输保险，特立本保险单。

This Policy of Insurance witnesses that PING AN INSURANCE COMPANY OF CHINA, LTD., at the request of the Insured and in consideration of the agreed premium paid by the Insured, undertakes to insure the under mentioned goods in transportation subject to the conditions of Policy as per the clauses printed overleaf and other special clauses attached hereon.

保单号
Policy No.

赔款偿付地点
Claim Payable at

发票或提单号
Invoice No. or B/L No.

运输工具
per conveyance S. S.

查勘代理人
Survey By:

起运日期
Slg. on or abt.

自
From

至
To

保险金额
Amount Insured

保险货物项目、标记、数量及包装：
Description, Marks, Quantity & Packing of Goods:

承保条件
Conditions:

签单日期
Date:

For and on behalf of
PING AN INSURANCE COMPANY OF CHINA, LTD.
authorized signature

练习 2　根据下列提供的资料，填制投保单和保险单（保险单如需背书，请在背面注明）。

（1）信用证保险条款为：

DOCUMENTS REQUIRED：

INSURANCE POLICY OR CERTIFICATE IN ASSIGNABLE FORM AND ENDORSED IN BLANK FOR 110 PCT OF INVOICE VALUE WITH CLAIMS PAYABLE AT DESTINATION IN CURRENCY OF DRAFT COVERING ICC（A），INSTITUTE WAR CLAUSES（CARGO），INSTITUTE STRIKES CLAUSES（CARGO），WAREHOUSE TO WARHOUSE CLAUSES IN CLUDED AND SHOWING NOS. OF ORIGINALS ISSUED.

（2）商品的有关资料如下：

ALL THE GOODS ARE PACKAGED IN 728 CTNS, AND NET WEIGHT IS 17,760KGS, GROSS WEIGHT IS 18,890KGS, PAYMENT BY L/C 45DAYS AFTER SIGHT, PURCHASER'S ORDER NO.：TIANTANG2381, L/C NO.：NKB210C8, THE GOODS ARE SHIPPED ON 2013. 05. 20.

（3）出口商开具的商业发票如下：

CHINA TIANTANG INTERNATIONAL TECHNICAL I/E CORP.
14 TIANTANG VILLAGE, NANJING, CHINA

INVOICE

MESSERS：　　　　　　　　　　　　NO.：A123

ABC TOOLS TRADE CO. LTD.　　　　　DATE：MAY 9, 2013

3/17 SUN BUILDING, SHEARSON CAMBRIDGE

TORONTO, CANADA

FROM SHANGHAI TO TORONTO BY SEA

MARKS	DESCRIPTION OF GOODS	QUANTITY	UNIT PRICE	AMOUNT
ABC	6V CORDLESS DRILL－TT1	798PCS	USD10.50	USD8,379.00
34KL－B	6V CORDLESS DRILL－TT2	1,070PCS	USD28.00	USD29,960.00
1－728			CIF TORONTO	
TOTAL：		1,868PCS		USD38,339.00

CHINA TIANTANG INTERNATIONAL
TECHNICAL I/E CORP. 张丽

PICC 中国人民财产保险股份有限公司

中国人保财险 出口货物运输保险投保单

发票号码		投保条款和险别
被保险人	客户抬头（ ）	（ ）PICC CLAUSE
	过户（ ）	（ ）ICC CLAUSE
保险金额	按发票金额（ ）PCT 投保	（ ）ALL RISKS
	USD（ ）	（ ）W. A.
	HKD（ ）	（ ）W. P. A.
	JPY（ ）	（ ）WAR RISKS
	EUR（ ）	（ ）S. R. C. C.
	（ ）（ ）	（ ）ICC CLAUSE A
起 运 港	（ ）Shanghai （ ）Nanjing	（ ）ICC CLAUSE B
	（ ）Zhangjiagang（ ）Nantong	（ ）ICC CLAUSE C
	（ ）Lianyungang（ ）	（ ）AIR TPT ALL RISKS
	（ ）（ ）	（ ）AIR TPT RISK
开航日期		（ ）O/L TPT ALL RISKS
运输方式		（ ）O/L TPT RISK
运输工具名称		（ ）RISK OF TRANSSHIPMENT
转 内 陆	UP TO（ ）	（ ）W/W
	（ ）	（ ）TPND
目 的 港		（ ）FREC
赔付地点		（ ）IOP
赔付币别	（ ）in the currency of draft (credit)	（ ）STRIKES
	（ ）（ ）	（ ）RFWD
免 赔 率		（ ）RISK OF BREAKAGE
保单份数	（2＋ ）张	（ ）RISK OF FROZEN PRODUCT
包装件数	（ ） 集装箱（ ）	（ ）ON DECK
货物名称		
其他特别条 款		

投保人		联系电话		投保日期	

PICC 中国人民财产保险股份有限公司
PICC Property and Casualty Company Limited.
总公司设于北京　　一九四九年创立
Head Office Beijing　　Established in 1949

货物运输保险单 CARGO TRANSPORTATION INSURANCE POLICY

发票号
INVOICE NO.：　　保险单号
POLICY NO.：

被保险人
INSURED：

中国人民财产保险股份有限公司(以下简称本公司)根据被保险人要求，以被保险人向本公司缴付约定的保险费为对价，按照本保险单列明条款承保下述货物运输保险，特订立本保险单。
THIS POLICY OF INSURANCE WITNESSES THAT PICC PROPERTY AND CASUALTY COMPANY LIMITED (HEREINAFTER CALLED "THE COMPANY") AT THE REQUEST OF THE INSURED AND IN CONSIDERATION OF THE AGREED PREMIUM PAID TO THE COMPANY BY THE INSURED, UNDERTAKES TO INSURE THE UNDERMENTIONED GOODS IN TRANSPORTATION SUBJECT TO THE CONDITIONS OF THIS POLICY AS PER THE CLAUSES PRINTED BELOW.

标记 MARKS & NOS.	包装及数量 QUANTITY	保险货物项目 GOODS	保险金额 AMOUNT INSURED

总保险金额
TOTAL AMOUNT INSURED：

保费：　AS ARRANGED
PREMIUM

开航日期
DATE OF COMMENCEMENT

装载运输工具
PER CONVEYANCE

保险更正章

自
FROM

至
TO

承保险别：
CONDITIONS

所保货物如发生保险单项下可能引起索赔的损失，应立即通知本公司或下述代理人查勘。如有索赔，应向本公司提交正本保险单(本保险单共有________份正本)及有关文件。如一份正本已用于索赔，其余正本自动失效。
IN THE EVENT OF LOSS OR DAMAGE WHICH MAY RESULT IN A CLAIM UNDER THIS POLICY, IMMEDIATE NOTICE MUST BE GIVEN TO, THE COMPANY OR AGENT AS MENTIONED. CLAIMS, IF ANY, ONE OF THE ORIGINAL POLICY WHICH HAS BEEN ISSUED IN ________ ORIGINAL(S) TOGETHER WITH THE RELEVANT DOCUMENTS SHALL BE SURRENDERED TO THE COMPANY. IF ONE OF THE ORIGINAL POLICY HAS BEEN ACCOMPLISHED, THE OTHERS TO BE VOID.

中国人民财产保险股份有限公司南京分公司
PICC Property and Casualty Company Limited
Nanjing Branch

____
AUTHORIZED SIGNATURE

赔款偿付地点
CLAIM PAYABLE AT
签单日期
DATE：

地址
ADD：
邮编(POST CODE)
电话(TEL)：
传真(FAX)：
电子信箱(E-MAIL)：
核保人：　　制单人：　　经办人：

实训 8　申请原产地证明书

8.1　实训目的

通过实训，学习者应了解货物原产地证明书的种类和作用，掌握原产地证明书的申请签证程序，掌握一般原产地证明书及其申请书、普惠制原产地证明书及其申请书的填制要求，会按照合同和信用证的要求制作各种原产地证明书。

8.2　原产地证明书简介

原产地证明书(CERTIFICATE OF ORIGIN)简称产地证，是出口商应进口商的要求，自行签发的或向特定的机构申请后由其签发的，证明出口商品的产地或制造地的一种证明文件。原产地证明书是决定出口商品在进口国享受何种关税待遇的重要证明文件，也是进口国对某些国家或某种商品采取控制进口额度或进口数量的依据。

中华人民共和国出口货物原产地证明书是证明有关出口货物是在中国关境内获得或经过加工制造并发生了实质性改变的证明文件。中国出入境检验检疫局(以下简称商检局)和中国国际贸易促进委员会(CCPIT，以下简称贸促会)或国际商会(CCIC)都可签发原产地证书，其中，商检局对外代表中国的官方机构签发产地证，而贸促会和国际商会则代表中国的民间机构对外签发产地证。

产地证有普通产地证和优惠产地证之分。我国最常使用的原产地证明书有一般原产地证明书(CERTIFICATE OF ORIGIN)和普惠制产地证书表格 A(GSP FORM A)，其中普惠制产地证属于优惠产地证。

出口商申请原产地证时，必须根据信用证、合同规定自行缮制原产地证书申请书一份及原产地证书一套(一正三副)，连同商业发票、装箱单以及合同等资料，向签证机构申请签发。签证机构调查审核后即做出是否签发的决定，若同意签发即在证书正本上盖章签字，证书号码由签证机构统一编发。

若合同或信用证没有要求时，出口方可以自行缮制并签发原产地证明书。这种产地证内容简单，便于更改和更换，也不需支付任何签证费用。

8.3　制单要点

8.3.1　贸促会与商检局签发的一般原产地证明书

我国的一般原产地证明书正本为浅蓝色扭索花纹，有长城标记，贸促会和商检局均可签发，出口商需要时，可向商检局或贸促会购买空白格式，并在每批货物报关出运前至少 3 天自行缮制“一般原产地证书申请书”和“中华人民共和国原产地证明书”，向签证机构申请办理。其内容及填制要求如下：

（1）出口商（EXPORTER）：按实际填写，信用证项下为受益人。

（2）收货人（CONSIGNEE FULL NAME，ADDRESS，COUNTRY）：一般为进口商，或者为实际收货人。信用证项下应按规定填写。若进口商或信用证要求此栏空白，则可以填“TO ORDER”或“TO WHOM IT MAY CONCERN”。

（3）运输方式和路线（MEANS OF TRANSPORT AND ROUTE）：按信用证或合同规定的起运地、目的地及采用的运输方式填写。如：FROM SHANGHAI TO TORONTO BY AIR。

（4）目的地国家或地区（COUNTRY/REGION OF DESTINATION）：应与最终收货人或最终目的港国别一致，不能填中间商国家的名称。

（5）供出证方使用（FOR CERTIFYING AUTHORITY USE ONLY）：由签证机构在签发后发证书、补发证书或加注其他声明时使用，一般留空不填。

（6）标记唛码（MARKS & NO. S）：应按照发票上所列唛头填写完整，若没有唛头，则填写“N/M”，不得留空不填。

（7）品名及包装种类和件数（DESCRIPION OF GOODS，NUMBER AND KIND OF PACKAGES）：货物描述应按商业发票填写，品名要具体，不得概括；包装种类和件数要按装箱单填写，用文字和数字两种表述方法。本栏填写完整后，在末行要打上表示结束的符号 * * * *，以防添加内容。若货物为散装，则在品名后加注“IN BULK”。

（8）HS 编码（HS CODE）：按规定填写，不得留空。

（9）数量或重量（QUANTITY OR WEIGHT）：填写出口货物的量值及商品计量单位，以重量计量的商品则填重量，并注明净重或毛重。

（10）发票号码及日期（NUMBER AND DATE OF INVOICE）：按发票填写。日期应使用英文日期，例如：“INVOICE NO.：FHTO21T，INVOICE DATE：DEC 10，2001”。

（11）出口商声明（DECLARATION BY THE EXPORTER）：声明的内容已事先印好，出口商只需在本栏加盖公章和由专人签字，并填写签发日期和地点。

（12）证明（CERTIFICATION）：证明内容已事先印好。贸促会或商检局只需在本栏盖章并进行手签即可。签发地点和日期由出口商填写。

8.3.2 商检局签发的普惠制产地证表格 A

普遍优惠制（简称普惠制）是发达国家对发展中国家向其出口的制成品或半成品货物时，普遍给予的一种关税优惠待遇的制度。凡享受普惠制待遇的商品，给惠国的进口方一般会要求提供原产地证书表格 A。

我国的普惠制产地证书表格 A 的正本为绿色扭索形花纹，由商检局签发，出口商需要时，向商检局购买空白格式，并在每批货物报关出运前至少 5 天自行缮制好“普惠制产地证书申请书”和“普惠制产地证书表格 A”，向签证机构申请办理。对含有进口成分的出口商品申请签证，还应填写“含进口成分商品成本明细单”。签发机构通常不接受货物出运后才递交的原产地证申请。其内容及填制要求如下：

（1）出口商名称、地址及所在国（EXPORTER'S BUSINESS NAME，ADDRESS，

COUNTRY)：此栏是强制性的，必须填上出口商的全称和详细地址，包括所在国家名称。

(2) 收货人名称、地址、国家(CONSIGNEE'S NAME, ADDRESS, COUNTRY)：填给惠国的收货人名称和详细地址，不能填写中间商名址。

(3) 运输方式和路线(MEANS OF TRANSPORT AND ROUTE)：按信用证或合同规定的起运地、目的地及运输方式填写，必要时注货物的装运日期、所装运船名。

(4) 供官方使用(FOR OFFICIAL USE)：由签证机构根据需要填写。

(5) 商品项目编号(ITEM NUMBER)：对申请签证商品进行顺序编号，有几种商品，就编写几个号码，如1、2、3等。若只有一种商品，此栏填1。

(6) 标记唛码(MARKS & NO. S OF PACKAGES)：应按发票填写，若唛头过多可使用第7、8栏。

(7) 品名及包装种类和件数(DESCRIPION OF GOODS, NUMBER AND KIND OF PACKAGES)：商品描述应按商业发票填写，品名要具体，不得概括；包装种类和件数要用数字和文字两种表示方法，并在末行要打上表示结束的符号 * * * *，以防添加内容。若货物为散装，则在品名后加注"IN BULK"。

(8) 原产地标准(ORIGIN CRITERION)：此栏是证书的核心，分两种情况填写，要求如下：

① 商品完全自产于出口国，本栏填写字母"P"。

② 商品含有进口成分，但经过了出口国充分制作或加工，输往不同的国家时，其填写要求也不同：

a. 出口至加拿大：进口成分价值占产品出厂价的40%以下，填"F"；其他填"G"。

b. 出口至欧盟和日本、挪威、瑞士等：填"W"，并在其后填明产品HS编码的前四位，例如："W"9618。

c. 出口至白俄罗斯、保加利亚、捷克、匈牙利、哈萨克斯坦、波兰、俄罗斯联邦、乌克兰和斯洛伐克等：进口成分的价值不超过商品离岸价50%的，填"Y"，并在"Y"下方加注该商品进口成分的价值占商品离岸价的百分比。

(9) 数量或重量(QUANTITY OR WEIGHT)：填写出口货物的量值及商品计量单位，以重量计量的商品则填重量，并注明净重或毛重。

(10) 发票号码及日期(NUMBER AND DATE OF INVOICE)：按发票填写，日期应使用英文日期。

(11) 证明(CERTIFICATION)：证明内容已事先印好。商检局只需在本栏盖章并进行手签即可，签发地点、日期由出口商填写。

(12) 出口商声明(DECLARATION BY THE EXPORTER)：声明的内容已事先印好，出口商只需在此栏填写签发地点、日期和进口国国名，并加盖公章和专人签字，公章应为中英文对照章，且签字与公章不得重合。

8.4 制单练习

练习 1 参照实训 2 练习 3 提供的信用证，根据其单据条款及其制作的发票和装箱单，缮制一般原产地证明书及其申请书各一份。注意：该批商品的 HS 编码为 6405.2000，运费总额为 USD800.00，贸易类型为一般贸易，拟于 2012 年 7 月 2 日出运。

一般原产地证书/加工装配证书
申　请　书

申请单位(盖章)　　　　　　　　　　　　　　　　　　　　　　证书号：

注　册　号：

申请人郑重声明：

本人是正式被授权代表出口单位办理和签署本申请书的。

本申请书及一般原产地证明书所列内容正确无误；如发现弄虚作假，冒充产地证所列货物，擅改证书，自愿接受签证机关的处罚并负法律责任。现将有关情况申报如下：

<table>
<tr><td colspan="2">企业名称</td><td colspan="2"></td><td>发票号</td><td></td></tr>
<tr><td colspan="2">商品名称</td><td colspan="2"></td><td>HS税目号（以8位数码计）</td><td></td></tr>
<tr><td colspan="2">商品(FOB)总值(以美元计)</td><td colspan="2"></td><td>最终目的港及所在国家</td><td></td></tr>
<tr><td colspan="2">拟出运日期(以提单日期为准)</td><td colspan="2"></td><td>转口国(地区)</td><td></td></tr>
<tr><td colspan="6">贸易方式和企业性质(请在适处打“√”)</td></tr>
<tr><td colspan="2">一般贸易 C</td><td colspan="2">灵活贸易 L</td><td colspan="2">其他贸易方式 Q</td></tr>
<tr><td>国有企业</td><td>三资企业</td><td>国有企业</td><td>三资企业</td><td>国有企业</td><td>三资企业</td></tr>
<tr><td colspan="2">毛重、包装数量或其他数量</td><td colspan="4"></td></tr>
<tr><td>原产地标准：(打“√”) 本</td><td colspan="5">1. 本项商品完全国产，未使用任何进口原材料。________________
2. 本项商品含进口成分。________________(含进口成分的商品，须提交“含进口成分产品加工工序成本明细表”。)</td></tr>
<tr><td colspan="6">现提交中国出口商业发票副本一份，一般原产地证书/加工装配证书一正三副，以及其他附件______份，请给予审核签证。
申请人说明：

申请人：(签名)
电　话：
日　期：　　年　月　日</td></tr>
</table>

<table>
<tr><td>1. Exporter</td><td rowspan="2">Certificate No.

CERTIFICATE OF ORIGIN
OF
THE PEOPLE'S REPUBLIC OF CHINA</td></tr>
<tr><td>2. Consignee</td></tr>
<tr><td>3. Means of transport and route</td><td rowspan="2">5. For certifying authority use only</td></tr>
<tr><td>4. Country/region of destination</td></tr>
</table>

6. Marks and numbers	7. Number and kind of packages; description of goods	8. H. S code	9. Quantity	10. Number and date of invoices

<table>
<tr><td>11. Declaration by the exporter
The undersigned hereby declares that the above details and statements are correct; that all the goods were produced in china and that they comply with the rules of origin of the people's republic of china.

Place and date, signature and stamp of certifying authority</td><td>12. Certification
It is hereby certified that the declaration by the exporter is correct.

Place and date, signature and stamp of certifying authority</td></tr>
</table>

练习 2　根据信用证（NO.：001/95/14020X）有关内容，缮制普惠制产地证一份。设本信用证项下所有货物均为中国自制，货物以海运方式经由香港出海。本信用证下的发票号码为 95XW10，开票日期为 2013 年 3 月 10 日，出口商于 2013 年 3 月 12 日在其所在地向签证机构申请签证，2013 年 3 月 13 办好签证手续。货物的包装规格及唛头如下：

（1）XUWANG DOCUMENTATION SYSTEMS：每 10 套装一纸箱，唛头为：BIG TREE
TORONTO
CTNS# 1－300
KEEP DRY

（2）XUWANG EDUCATION SYSTEMS：每 10 盒装一纸箱，唛头为：BIG TREE
TORONTO
CTNS# 1－500
KEEP DRY

信用证资料如下：

ISSUING BANK：STANDARD CHARTERED BANK，LONDON

ADVISING BANK：BANK OF CHINA GUANGZHOU

APPLICANT：PETRICO INTERNATIONAL TRADING CORP. UO SHEPPARD ARENUE EAST SUITE 406 WILLOWDALE ONTARIO CANADA M2K W2

BENEFICIARY：XUWANG BUSINESS COMPUTING CO. LTD RM. NA34. ZIJINGYUAN HOTEL OF ZHONGSHAN UNIVERSITY，GUANGZHOU. P. R. CHINA.

FORM OF L/C：IRREVOCABLE

L/C NO：001/95/14020X

ISSUE DATE：13. 02. 22

EXPIRY DATE/PLACE：13. 04. 30 IN COUNTRY OF BENEFICIARY

L/C AMOUNT：USD4,458,314. 00

AMOUNT SPECIFICATION：CIF TORONTO

AVAILABLE WITH/BY：FREELY AVAILABLE BY NEGOTIATION

DRAFTS：AT SIGHT DRAWN ON OURSELVES

TRANSPORT DETAILS：FROM CHINESE PORT NOT LATER THAN 15TH APRIL 2013 TO TORONTO，CANADA

DESCRIPTION OF GOODS：

1,000SETS XUWANG DOCUMENTATION SYSTEMS VERSION 5. 0.

2,000SETS XUWANG DOCUMENTATION SYSTEMS VERSION 6. 0.

5,000 BOXES XUWANG EDUCATION SYSTEMS.

DOCUMENTS REQUIRED：CERTIFICATE OF ORIGIN FORM A DULY NOTARIZED IN SIX COPIES.

CONDITIONS：CONSIGNEE-BIG TREE BUSINESS CO. LTD SUNRISE STREET EAST，TORONTO，CANADA.

1. Goods consigned from (Exporter's name, Address, Country)	Reference No. **GENERALIZED SYSTEM OF PREFERENCES** **CERTIFICATE ORIGIN** (combined declaration and certificate) **FORM A** Issued in **THE PEOPLE'S REPUBLIC OF CHINA** (COUNTRY) see notes. overleaf
2. Goods consigned to (Consignee's name, Address, Country)	

3. Means of transport and route (as far as known)	4. For official use

5. Item number	6. Marks and numbers	7. Number and kind of packages; description of goods	8. Origin criterion (see notes overleaf)	9. Gross weight or other Quantity	10. Number and date of invoices

11. Certification	12. Declaration by the exporter
It is hereby certified, on the basis of control out, that the declaration by the exporter is correct. .... Place and date, signature and stamp of certifying authority	The undersigned hereby declares that the above details and statements are correct; that all the goods were produced in ......CHINA...... and that they comply with the origin requirements specified for those goods in the generalized system of preferences for goods exported to .... (importing country) .... Place and date, signature and stamp of certifying authority

实训 9　填制和审核海运提单

9.1　实训目的

通过实训,学习者应了解运输单据的种类和作用,掌握海运提单的签发程序,掌握海运提单的内容和缮制要求,会根据信用证或合同等文件独立填制海运提单和审核海运提单。

9.2　运输单据简介

运输单据是外贸单证工作中最重要的单据之一,是出口商按要求装运货物后,承运人或其代理人签发的一种书面凭证。

根据运输方式的不同,承运人出具不同的运输单据,主要有海运提单、快递收据、航空运单、铁路和公路运单、多式或联运单据、不可转让海运单等。由于在对外贸易的运输方式中海运所占比重最大,所以海运单据尤其是海运提单的使用也最多,空运单的使用虽然也有其普遍性,但除了收货人必须要求作成记名式收货人之外,其他与海运提单基本相似。

海运提单(OCEAN BILL OF LADING)是承运人或其代理人确认已收到托运人的货物,并已装船或待以装船,从而签发给托运人的收据。由于它由承运人单方面签发,所以是托运人与承运人之间运输合同的证明,而不是运输合同,但它具有物权凭证的作用,卖方可以通过掌握海运提单来控制货物。

海洋货物运输的承运人或其代理人收到托运单后,结合船期表和船只情况对货物进行配舱,待货物报关装船后根据托运单出具海运提单,经托运人审核确认后予以签发。

9.3　海运提单的制单要点

海运提单的格式由各船公司自行确定,在形式上均各有特色,但都包括了以下的主要内容:

(1) 承运人(CARRIER):提单上必须表明以轮船公司身份注册的承运人,以防欺诈,否则银行不予接受。一般提单上都已事先印好船公司的名称。

(2) 托运人(SHIPPER):即发货人,一般为出口商。信用证方式下为信用证受益人;托收方式下为托收的委托人。

(3) 收货人(CONSIGNEE):按规定填写。记名提单直接填收货人名称,指示提单填"TO ORDER"或"TO THE ORDER OF ×××"。指示提单都需进行背书才能有效转让。凡收货人填"TO ORDER"的,一律由托运人进行背书;收货人填"TO THE ORDER OF ×××"的,一律由 TO THE ORDER OF ×××中的"×××"背书。

(4) 被通知人(NOTIFY PARTY):按合同或信用证规定的通知人填写,该栏必须要有详细的名称和地址。信用证方式下若信用证未规定被通知人，则正本提单中本栏空白不填，在副本提单中填上买方或开证申请人的名称和详细地址。

(5) 前程运输(PRE-CARRIAGE BY)：如果货物运输需要两种以上运输方式，本栏填第一程运输的船名或车次号。直达运输时本栏空白不填。

(6) 收货地(PLACE OF RECEIPT)：为承运人或其代理人收取货物的地点。应按实际填写。若收货地与装运港一致可空白不填。

(7) 船名(OCEAN VESSEL VOY. NO.)：如果货物运输需要两种以上运输方式，本栏填第二程运输的船名。直达运输时本栏填船名及其航次号。

(8) 装运港(PORT OF LOADING)：应按合同或信用证规定的装运港填写，如果规定的装运港较笼统，提单上应填具体的港口，并与所使用的贸易术语相一致。

(9) 卸货港或目的港(PORT OF DISCHARGE/DESTINATION)：卸货港即货物卸离海轮的港口，一般为目的港。应按合同或信用证规定的目的港填写，如果规定的目的港较笼统，应填具体的港口，并与所使用的贸易术语相一致。

(10) 交货地(PLACE OF DELIVERY)：即船公司或其代理人将货物交付收货人的地点。若交货地与目的港一致可空白不填。

(11) 唛头(MARKS)和集装箱号码(CONTAINER NO.)：唛头应与发票一致。若信用证规定了唛头，则按其规定，若未规定则按双方约定或由卖方自定。无唛头则填“N/M”。集装箱货物要注明集装箱号码。

(12) 包装与件数(NOS. & KIND OF PACKAGES)：包装与件数都要与货物实际相符，并在大写合计数内填写英文文字数目，若有两种以上不同包装单位，则应分别填写后再合计。散装货，只填“IN BULK”。若货物的包装中使用了托盘，也应注明。如 320CTNS (16PALLETS)IN ONE CONTAINER。

(13) 商品名称(DESCRIPTION OF GOODS)：按信用证规定，并与发票等单据一致，若货物品名较多，可用总称，但不能与信用证相矛盾。

(14) 毛重和体积(GW. & MEAS.)：若信用证无特别规定，则只填总毛重和总体积。

(15) 运费与费用(FREIGHT & CHARGES)：一般有两种，即 FREIGHT PREPAID (运费预付)和 FREIGHT COLLECT(运费到付)。若注明运费预付，同时还应注明预付地点；若注明运费到付，则应注明到付地点。本项内容应按信用证的要求和实际情况填写。

(16) 正本提单份数(NOS. OF ORIGINAL B/L)：应按合同或信用证要求的正本份数填写，船公司签发的提单正本数一般都是 3 份。信用证若只规定提单份数为“FULL SET”时，一份也是全套。

(17) 签发地点与签发日期(PLACE AND DATE OF ISSUE)：提单的签发地点一般在装运港所在地。签发日期即货物的装船日期，一般也视为出口日期。提单的签发日期应在规定的最迟装运期之前，要避免倒签提单和预借提单。

(18) 提单的签章：提单必须由承运人或其代理人签字才有效。若信用证要求手签，也须照办。提单的签发方式一般有 3 种情况，即由承运人签发、承运人的代理人签发、船长或船长的代理人签发。不论由谁签发提单，都应注明签发人的身份。

(19) 提单号码(B/L NO.)：在提单右上角，主要是为了便于联系工作和核查。由承运人或其代理人自行编制。

(20) 其他：提单上一般还会注明货物的交接方式，如 CY-CY，CFS-CY；已装船批注，如

"ON BOARD"(已装船)字样;"SHIPPER'S LOAD、COUNT、SEAL"等承运人为摆脱其责任的文句;以及信用证规定要注明的内容等等。

9.4 制单练习

练习1 根据下列信用证,填制海运提单(如需背书,请在提单背面注明)。注意:船名为 YINGHUANG V. 4,货物用60个纸箱包装,每个纸箱毛重125千克,净重117千克,纸箱尺码为117CM×14CM×25CM。信用证如下所示:

TO:10306 26BKCHCNBJASH102514	
FM:15005 25CIBCCATTFXXX05905	CIBBCCATTFXXX * CANADIAN INPERIAL BANK OF COMMERCE * TORONTO
27:SEQENCE OF TOTAL:	1/1
40A:FORM OF DOC. CREDIT:	IRREVOCABLE
20:DOC. CREDIT NUMBER:	C-022145A
31C:DATE OF ISSUE:	20130325
31D:EXPIRY:	DATE: 20130505,PLACE: NANJING
50:APPLICANT:	WOTSON TEXTILES INC. 284 VINCENT SEDOWNSVIEW. ONTARIO M3J. 2J4 CANADA
59:BENEFICIARY:	SUNTARY TEXILES IMPORT AND EXPORT CORPORATION 10 ZHONGSHAN RD. GULOU NANJING CHINA.
32B:AMOUT:	CURRENCY USD AMOUT 36,960,00
39A:POS/NEG TOL(%):	05/05
41 :AVAILABLE WITH/BY:	ANY BANK IN CHINA NEGOTIATION
42C:DRAFTS AT:	30DAYS AFTER SIGHT
42 :DRAWEE:	CIBE TORONTO TRADE FINANCE CENTRE. TORONTO
43P:PARTIAL SHIPMENTS:	PERMITTED
43T:TRANSSHIPPMENT:	PERMITTED
44A:LOADING IN CHARGE:	CHINA
44B:FOR TRANSPORT TO:	TORONTO
44C:LATEST DATE OF SHIP:	20130420
45A:SHIPMENT OF GOODS:	TRUERAN DYED JEAN (POLYESTES 65%, COTTON 35%) 20X20 , 94X60, 112/114CM, QUANTITY24,000M

AS PER S/CNO. CA1042 - 1
CIF TORONTO

46A: DOCUMENTS REQUIRED:

—COMMERCIAL INVOICE IN QUADRUPLICATE

—CERTIFICATE OF ORIGIN

—FULL SET CLEAN ON BOARD BILLS OF LADING CONSIGINED TO THE SHIPPER'S ORDER BLANK ENDORSED MARKED "FREIGHT PREPAID TO TORONTO" NOTIFY APPLICANT (SHOWING HIS FULL NAME AND ADDRESS).

—INSURANCE POLICY OR CERTIFICATE ISSUED BY PEOPLES INSURANCE COMPANY OF CHINA INCORPORATING THEIR OCEAN MARINE CARGO CLAUSES (ALL RISKS) AND WAR RISKS FOR 110 PERCENT OF CIF INVOICE VALUE, WITH CLAIMS PAYABLE IN CANADA INDICATING INSURANCE CHARGES.

—PACKING LIST IN TRIPLICATE

47A: ADDITIONAL COND:	THE NUMBER AND THE DATE OF THIS CREDIT AND THE NAME OF OUR BANK MUST BE QUOTED ON THE BILL OF LADING. AN ADDITIONAL FEE OF USD 50. 00 OR EQUIVALENT WILL BE DEDUCTED FROM THE PROCEEDS PAID UNDER ANY DRAWING WHERE DOCUMENTS PRESENTED ARE FOUND NOT TO BE IN STRICT CONFORMITY WITH THE TERMS OF THIS CREDIT.
71B: DETAILS OF CHARGES:	ALL BANKING CHARGES OUTSIDE CANADA INCLUDING ADVISING COMMISSION ARE FOR ACCOUNT OF BENIFICIARY AND MUST BE CLAIMED AT THE TIME OF ADVISING.
48 : PRESENTATION PERIOD:	NOT LATER THAN 15DAYS AFTER THE DATE OF THE SHIPPING DOCUMENTS BUT WITHIN THE VALIDITY OF THE CREDIT.
49 : CONFIRMATION:	WITHOUT
78 : INSTRUCTIONS:	UPON OUR RECEIPT OF DOCUMENTS IN ORDER WE WILL REMIT IN ACCORDANCE WITH NEGOTIATING BANK'S INSTRUCTIONS AT MATURITY.

B/L No. :

Shipper

Consignee or order

Notify party

中国对外贸易运输总公司
CHINA NATIONAL FOREIGN TRADE TRANSPORTATION CORP.

直运或转船提单
BILL OF LADING
DIRECT OR WITH TRANSHIPMENT

SHIPPED on board in apparent good order and condition (unless otherwise indicated) the goods or packages specified herein and to be discharged at the mentioned port of discharge or as near thereto as the vessel may safely get and be always afloat.

The weight, measure, marks and numbers, quality, contents and value. Being particulars furnished by the shipper, are not checked by the currier on loading.

The shipper, consignee and the holder of this bill of lading hereby expressly accept and agree to all printed, written or stamped provisions. Exceptions and conditions of this Bill of Lading, including those on the back hereof.

IN WITNESS whereof the number of original Bills if Lading stated below have been signed, one of which being accomplished, the other to be void.

Pre-carriage by	Place of receipt
Vessel	Port of loading
Port of discharges	Final destination

Container seal No. or marks and No. s	Number and kind of packages Description of goods	Gross weight(kgs.)	Measurement(m^3)

REGARDING TRANSSHIPMENT INFORMATION PLEASE CONTACT			Freight and charges
Ex. rate	Prepaid at	Freight payable at	Place and date of issue
	Total prepaid	Number of original Bs/L	Signed for or on behalf of the master as agent

(SINOTRANS STANDARD FORM 4)

SUBJECT TO THE TERMS AND CONDITIONS ON BACK 95c No. 0123450

练习 2　根据下列资料，缮制海运提单一份（如提单需背书，请在背面注明）。

L/C NO. AND DATE：5817244001，02 MAR 2013
BENEFICIARY：CHINA NATIONAL METALS & MINERALS IMPORT & EXPORT CORPORATION GUANG DONG BRANCH
APPLICANT：BBAA CO. LTD.
PARTIAL SHIPMENT ALLOWED
TRANSSHIPMENT ALLOWED TO SAVANNAH，GA，USA
DOCUMENTS REQUIRED
FULL SET(3/3) CLEAN ON BOARD ORIGINAL OCEAN BILL OF LADING ISSUED TO SEABROOK INTERNATIONAL CORP. 306，WESTLAKE，OHIO 44145 USA. NOTIFY A. W. FENTON MS. S. SEYBOLD，6565 EASTLAND RD，CLEVELAND OHIO 44142 USA . MARKED FREIGHT COLLECT LATEST DATE MAY 15，2013
…
COVERING：
TOTAL QUANTITY OF GOODS NOT TO EXCEED 13，000 M^2 OF GRANITE SLABS AS PER CONTRACT 87MSF4004－24，PLUS OR MINUS 5% SHIPMENT ALLOWANCE. GOODS ARE 459，445，444，460，412，452. FOB SHENZHEN GUANG-DONG.
…
SOME MESSAGE FROM S/O
THE VESSEL IS ALLIGATOR LIBERTY. ALL THE GOODS ARE IN 40 WOODEN CRATES ABOUT 186. 9698 MT 136 M^3 BY 4×20 FOOT OPEN-TOP CONTAINERS NO. MOLU4206680，MOLU4205648，NULU4205848，TOIU4501152

练习 3　根据下列信息，填制海运提单一份（如需背书，请在提单背面注明）。注意：本批货物共 600 套（SET），装于 150 个纸箱（CTN），放在 15 个托盘（PALLETS）内，每套有 3 个（3PCS IN ONE SET），每箱毛重 28KGS，体积 0.04M^3，发货港：XINGANG，TIANJIN，目的港：BREMEN，B/L NO.：123，船名：PAUL RICKMERS，提单日期：2013.08.01，该批货物的运费为 EUR200.00。信用证内容如下：

DRESENER BANK，BREMEN BRANCH

DATE：4 JULY 2013

CREDIT NO. TS-36376　　EXPIRY：31ST AUG 2013

APPLICANT：SCHLITER CO. BREMEN.
3601 AW. HERO ROAD，BREMEN，GERMAN

BENEFICIARY：HANJIN ARTS AND CRAFTS I/E CORP. TIANJIN，CHINA

ADVISING BANK：BANK OF CHINA，TIANJIN，CHINA

AMOUNT：EUR6，600.00 (SAY EUR SIX THOUSAND SIX HUNDRED ONLY)

DEARS SIRS，

WE OPEN THIS IRREVOCABLE DOCUMENTS CREDIT AVAILABLE BY NEGOTIATION AGAINST THE FOLLOWING DOCUMENTS：

...

FULL SET OF CLEAN ON BOARD BILL OF LADING MADE OUT TO ORDER AND BLANK ENDORSED(IF MORE THAN ONE ORIGINAL HAS BEEN ISSUED，ALL ORIGINALS ARE REQUIRED) MARKED “FREIGHT PREPAID”，NOTIFY APPLICANT，AND INDICATING FREIGHT CHARGES ON THE BILL OF LADING.

SHIPMENT FROM XINGANG，TIANJIN TO BREMEN LATEST ON AUG. 25，2013

COVERING：

600 SETS (3 PCS OF EACH) “WILLON PRODUCTS” ART NO. TSSR－16 EUR11 PER SET，CIF BREMEN

PARTIAL AND TRANSSHIPMENT ARE NOT ALLOWED

SHIPPING MARK：　S
BREMEN
NO.1－UP

APL BILL OF LADING

SHIPPER (Principal or seller licenses and full address)	BOOKING NUMBER	B/L NUMBER
CONSIGNEE (Name and Full Address/Non-Negotiable Unless Consigned to Order) (Unless Provided Otherwise, a Consignment To Order Means To Order of Shipper)	EXPORT REFERENCES	
	FORWARDING AGENT (References, F. M. C. No.)	
NOTIFY PARTY (Name and full address)		
	POINT AND COUNTRY OF ORIGIN OF GOODS	

INITIAL CARRIAGE (MODE)	PLACE OF RECEIPT	
EXPORT CARRIER (Vessel voyage &flag)	PORT OF LOADING	ALSO NOTIFY (Name and Full Address)/ DOMESTIC ROUTING/ EXPORT INSTRUCTIONS/PIER TERMINAL/ ONWARD ROUTING FROM POINT OF DESTINATION
PORT OF DISCHARGE	PLACE OF DELIVERY	

Excess Valuation Please Refer to Clause 7 iii) on Reverse Side PARTICULARS FURNISHED BY SHIPPER

MKS&NOS/CONTAINER NOS.	NO. OF PKGS	DESCRIPTION OF PACKAGES AND GOODS	GROSS WEIGHT	MEASURE-MENT

TO BE RELEASED AT				PAYABLE AT		THE CARRIER:
FREIGHT RATES CHARGES, WEIGHTS AND/OR MEASUREMENTS(SUBJECT TO CORRECTION)				PREPAID U. S$	COLLECT U. S$	Local Currency
						By: Authorized Signature:
			TOTAL PREPAID			Date and Place issued:
Vessel	Voyage	Office	TOTAL COLLECT			

FCC	FORWARDER	SHIPPER	CONSIGNEE	LD PORT	DIS PORT	DEST.	NOTIFY	OSC B/L NO.

APPLICABLE ONLY WHEN USED AS MULTIMODAL BILL OF LADING

Shipper （发货人）	B/L NO.: 中国远洋运输集团公司 COSCO BILL OF LADING
Consignee （收货人）	
Notify Party （通知人）	
Pre-Carriage by（前程运输）	Place of Receipt（收货地点）
Ocean Vessel(船名)Voy. No.（航次）	Port of Loading（装货港）
Port of Discharge(卸货港)	Place of Delivery（交货地点）

Marks & Nos.（标记与号码）	No. of Containers or Pkgs.（箱数或件数）	Kind of Packages, Description of Goods（包装种类与货名）	Gross Weight 毛重(千克)	Measurement 尺码(立方米)
TOTAL NUMBER OF CONTAINERS OR PACKAGES(IN WORDS) 集装箱数或件数合计（大写）				

FREIGHT &CHARGES（运费与附加费）	Revenue Tons（运费吨）	Rate（运费率）	Per(每)	Prepaid(运费预付)	Collect（运费到付）

Prepaid at(预付地点) Number of Original Bs/L	Payable at(到付地点)	Place and Date of Issue(签发地点) Signed for or on Behalf of the Master as Agent

练习 4　请根据以下信用证相关内容确认提单，若有误请予以改正。

L/C NO.：894010151719

PLACE AND DATE OF ISSUE：HONG KONG MAR 04，2008

APPLICANT：BERNARD & COMPANY LIMITED
UNIT 1001 - 3 10/F YUE XIU BLDG
160 - 174 LOCKHART ROAD
WANCHAI HONG KONG

BENEFICIARY：NANJING CANTI IMPORT AND EXPORT CORP.
120 MX STREET，NANJING，CHINA

SHIPMENT：FROM SHANGHAI，CHINA TO SYDNEY，AUSTRALIA BEFORE APR. 04，2008

TRANSSHIPMENT：ALLOWED

PARTIAL SHIPMENT：NOT ALLOWED

DOCUMENTS REQUIRED：

— FULL SET OF CLEAN ON BOARD FREIGHT COLLECT OCEAN BILL OF LADING，MADE OUT TO ORDER OF SHIPPER AND BLANK ENDORSED，MARKED NOTIFY ID COM CO.，79 - 81 WALES RD，NSW，AUSTRALIA AND SHOWING THE L/C NO.

— INVOICE IN TRIPLICATE

— PACKING LIST IN TRIPLICATE

DESCRIPTION OF GOODS：LUGGAGE SET OF 8 PCS

SHIPPER: **NANJING CANTI IMPORT AND EXPORT LTD.** **120 MX STREET, NANJING, CHINA**	B/L NO. :
CONSIGNEE: **TO ORDER**	**COSCO** ***OCEAN BILL OF LADING***
NOTIFY: **BERNARD & COMPANY LIMITED** **UNIT 1001 – 3 10/F YUE XIU BLDG, 160 – 174** **LOCKHART ROAD** **WANCHAI HONG KONG**	

PRE CARRIAGE BY	PORT OF LOADING **SHANGHAI, CHINA**	PORT OF RECEIPT **SHANGHAI, CHINA**
OCEAN VESSEL / VOYAGE NO. **BERLIN EXPRESS V. 06W01**	PORT OF DISCHARGE **SYDNEY, AUSTRIA**	PLACE OF DELIVERY **SYDNEY, AUSTRIA**

MKS& NOS. CONTAINER NO. SEAL NUMBER	NOS AND KIND OF PKGS	DESCRIPTION OF GOODS	GROSS WEIGHT	MEASURE-MENT
ID COM PART OF 1×40'GP MLCU4578618/C423776 **FREIGHT PREPAID**	**372CNTS**	**SAID TO CONTAIN: LUGGAGE SET OF 5PCS**	**8,484.00KGS**	**47.768CBM**

TOTAL NO. OF CONTAINERS
OR PACKAGES (IN WORDS): **SAY THREE HUNDRED AND SEVENTY CARTONS ONLY**

OVERSEA OFFICE OR DESTINATION PORT AGENT	NO. OF ORIGINAL B/Ls **THREE** (3)	FREIGHT PAYBALE AT DESTINATION
	ON BOARD DATE **2008 – 04 – 08**	PLACE & DATE OF ISSUE **SHANGHAI, 2008 – 04 – 08**
	SIGNED BY: **COSCO AS CARRIER** AS AGENT FOR THE CARRIER	

实训 10　制作装运通知

10.1　实训目的

通过实训，要求学习者掌握装运通知的作用和制作要求，会根据信用证、合同等文件制作和发送装运通知。

10.2　装运通知简介

按照国际贸易的习惯做法，卖方或发货人在装运货物后，应当立即（一般在装船后 3 天之内）发送装运通知（SHIPPING ADVICE，或 SHIPPING DETAILES）给买方或其指定的人，从而为买方办理保险和安排接货等事宜提供方便。如果卖方未能及时给买方发送装船通知而使其不能及时办理保险或接货，卖方就应负责赔偿买方由此而引起的一切损害及/或损失。装运通知可采用电报、电传、传真及 E-MAIL 等各种快捷形式发送。

在信用证支付方式下，若信用证的单据条款中要求受益人发送装运通知，则此项单据就成为卖方交单议付的单证之一。

10.3　制单要点

装运通知没有固定的格式，一般由发货人自行设计，其内容一般包括：订单或合同号，信用证号，货物名称、数量、总值、唛头，装运口岸、装运日期、船名、开船日期及预计到达目的港时间等。在实际业务中，应根据信用证的要求和对客户的习惯做法，将上述项目适当地列明在单据中，其制作要点如下：

（1）单据名称：装运通知的名称很多，具体应根据买方或信用证的规定，一般使用 SHIPPING ADVICE。

（2）抬头：一般为买方或开证申请人，也可以是买方指定的人或保险公司。若抬头为买方指定的保险公司，则应同时注明预保险合同（COVER NOTE）号。

（3）日期：发送装运通知的日期，一般在货物装船后 3 天之内。若买方另有规定，则按照其规定的时间发送即可。

（4）商品描述部分：包括品名、唛头、数量、发票总值及对应的发票号等。应与商业发票的内容一致。

（5）装运港、目的港、提单日期、提单号码及船名：应与提单所载的相应内容一致。

（6）包装情况：包括唛头、单件运输包装的件数、集装箱号码及封志号等。应按实际填写。

(7) 预计开船日期和到达日期(ETD、ETA)：按船期表所列的日期，此部分内容可有可无。

装运通知的参考样单如下所示：

江苏阳光集团毛针织品进出口有限公司

SUNSHINE GROUP JIANGSU WOOLLEN KNIT & GARMTEX I/E CORP. LTD.

NO. 91 SUNSHINE ROAD, NANJING, CHINA

SHIPPING ADVICE

MESSRS: MENINI IMP & EXP. CORP. **DATE**: MAR 15, 2013

Fax No. : 0039 - 036 - 3368010

DEAR SIRS :

RE: L/C NO. : 202 - 612 - 1068

WE HEREBY INFORM YOU THAT THE GOODS ABOVE MENTIONED L/C HAVE BEEN SHIPPED, THE DETAILS IS AS FOLLOWS:

INVOICE. NO. : 03HL21401

COMMODITY: X'MAS DECORATIONS

QUANTITY: 313BOXES

VALUE: USD1,443.85

S/C NO. : 3400Y

DATE OF B/L: MAR 14, 2013

B/L NO. : D/2222201

VESSEL'S NAME: GUANGYANG V. 263

FROM SHANGHAI TO COPENHAGEN VIA HONGKONG

MARKS: MENINI
COPENHAGEN
A2400A/98
1 - 7

江苏阳光集团毛针织品进出口有限公司
SUNSHINE GROUP JIANGSU WOOLLEN KNIT & GARMTEX I/E CORP. LTD. 李四

10.4 制单练习

练习 1 请根据下列所给内容缮制装船通知。注意唛头由卖方自行设计。

BUYER: WEILI INT'L TRADING CORP.

SELLER: SUNSHINE TOY CORP.
DESCRIPTION:

ORDER NO.	GOODS	QUANTITY/PACKAGES	COLOUR
A220	BAGS	3,200PCS/100CTNS	GREY
A320		4,000PCS/200CTNS	WHITE
C153		4,000PCS/200CTNS	WHITE

SHIPMENT: MAR. 22,2013 FROM SHANGHAI TO HAMBURG
CONTAINER NO. & SEAL NO. : 1X40'GP MLCU4578610/ C423775
VOYAGE NAME & NO. : CMA CGM NEPTUNE V. 485W
B/L NO. : CGLSHA0303088NA
INVOICE NO. & AMOUNT: SUNJA20040322 TOTAL USD22,000. 00

SUNSHINE TOY CORP.

221/18 SUNSHINE BUILDING ,SHANGHAI ,CHINA

练习2　参照实训2的练习2所提供信用证（NO. 16441688）的有关内容，草拟装运通知一份。注意：出口方于2008年3月20日将货装于船名航次号为DANUBHUM/S009的船上。信用证单据条款如下：

DOCUMENTS REQUIRED：

BENEFICIARY'S CERTIFICATE COPY OF TELEX/CABLE DISPATCHED TO THE APPLICANT WITHIN 2 DAYS AFTER SHIPMENT ADVISING SHIPMENT DETAILS INCLUDING GOODS NAME，QUANTITY，WEIGHT AND VALUE，NAME OF VESSEL，SHIPMENT DATE，SHIPPING MARKS.

上海美华圆珠笔有限公司

SHANGHAI MEIHUA BALL PEN CO. LTD

3601 MEIHUA ROAD，SHANGHAI ，CHINA

练习 3　根据实训 2 的练习 3 所提供信用证（NO. DCFGJOM120603）的有关内容，草拟一份装运通知，注意该通知必须发送开证人及保险公司两个客户，买方与保险公司签订的预保险合同（COVER NOTE）号为 567812FH，货物于 2012 年 6 月 25 日装上货轮 YING-HUANG V. 4，该货轮于当日开船。

好友工艺品进出口公司

GOOD FRIEND ARTS AND CRAFTS IMP. & EXP. CO.

301 SAN TIAO XIANG , CHAOZHOU, GUANGDONG, CHINA

实训 11　出具各种证明

11.1　实训目的

通过实训，学习者应了解各种证明的作用，掌握这些证明尤其是受益人证明、寄单证明的缮制要点，会根据合同或信用证要求缮制买方要求的各种证明。

11.2　各种证明简介

外贸业务中所使用的各种证明文件主要包括出口方证明和第三方证明。第三方证明是由出口方和进口方之外的第三方当事人出具的证明，有船公司出具的证明、邮局出具的证明及使领馆出具的证明等。信用证支付方式下，出口方证明即为受益人证明(BENEFICIARY'S CERTIFICATE)，也称受益人声明(BENEFICIARY'S STATEMENT)，其内容多种多样，通常是证明货物的品质、包装、装运等符合某种要求，以及是否按规定寄送有关单据等事项，由受益人根据信用证的具体要求来缮制；第三方证明中的船公司证明，主要是为满足买方对货物在运输方面的特殊要求而开立的、证明与运输有关的事项。

各种证明文件看似简单，也不是很重要的单据，但是在信用证支付方式下，若信用证要求卖方提交这类单据，此时这种单据就成为卖方议付结汇的单证之一，卖方必须认真对待，否则买方就有可能因此而拒付货款。

11.3　制单要点

各种证明文件没有固定的格式，一般由出口企业按照信用证规定或买方要求的内容自行设计，制单日期应与证明内容相吻合，如信用证规定："BENEFICIARY'S CERTIFICATES CERTIFY THAT CABLE COPY OF SHIPPING ADVICE DISPATCHED TO THE APPLICANT IMMEDIATELY AFTER SHIPMENT"，若提单日期为 4 月 15 日，则受益人证明的出单日期只能在 4 月 15～18 日之间，而不能是其他时间。若这种证明是寄单证明还应列明卖方所寄单据的种类和份数。

如信用证规定：BENEFICIARY'S CERTIFICATE EVIDENCING THAT 2/3 B/L MUST BE SENT BY AIRMAIL TO MENINI IMP & EXP. CORP., NOT LATER THAN DATE OF PRESENTATION OF NEGOTIABLE DOCUMENTS. 则受益人证明如下：

江苏阳光集团毛针织品进出口有限公司
SUNSHINE GROUP JIANGSU WOOLLEN KNIT & GARMTEX I/E CORP. LTD.
NO. 91 SUNSHINE ROAD, NANJING, CHINA

BENEFICIARY'S CERTIFICATE

MESSRS: MENINI IMP & EXP. CORP. DATE: MAR 15, 2013
FAX NO.: 0039－036－3368010 PLACE.: NANJING, CHINA

RE: L/C NO. ×××

WE HEREBY CERTIFY THAT 2/3 B/L HAVE BEEN SENT BY AIRMAIL TO MENINI IMP & EXP. CORP.

江苏阳光集团毛针织品进出口有限公司
SUNSHINE GROUP JIANGSU WOOLLEN KNIT & GARMTEX I/E CORP. LTD

如信用证中规定：SHIPMENT MUST BE EFFECTED NOT ISRAELI VESSEL AND NOT CALL AT ANY ISRAELI PORTS, AND NOT BLACKLISTED VESSEL. 则有关运输方面的证明如下：

江苏阳光集团毛针织品进出口有限公司
SUNSHINE GROUP JIANGSU WOOLLEN KNIT & GARMTEX I/E CORP. LTD.
NO. 91 SUNSHINE ROAD, NANJING, CHINA

CERTIFICATE

MESSRS: MENINI IMP & EXP. CORP. DATE: MAR 15, 2013
FAX NO.: 0039－036－3368010 PLACE.: NANJING, CHINA

RE: INV. NO. ××, L/C NO. ××

THIS IS TO CERTIFY THAT M. S./S. S. XXX FLYING THE PEOPLE'S REPUBLIC OF CHINA FLAG, WILL NOT CALL AT ANY ISRAELI PORTS DURING THIS PRESENT VOYAGE, ACCORDING TO THE SCHEDULE, AND SO FAR AS WE KNOW THAT IT'S NOT BLACKLISTED BY THE ARAB COUNTRIES.

江苏阳光集团毛针织品进出口有限公司
SUNSHINE GROUP JIANGSU WOOLLEN KNIT & GARMTEX I/E CORP. LTD

如信用证规定：BENEFICIARY MUST SEND ONE NON-NEGOTIABLE SHIPPING DOCUMENT AND TWO COPIES INVOICE TO THE APPLICANT BY AIRMAIL. 则受益人所作的寄单证明如下：

江苏阳光集团毛针织品进出口有限公司

SUNSHINE GROUP JIANGSU WOOLLEN KNIT & GARMTEX I/E CORP. LTD.

NO. 91 SUNSHINE ROAD, NANJING, CHINA

CERTIFICATE

MESSRS：MENINI IMP & EXP. CORP. DATE：MAR 15，2013

FAX NO.：0039－036－3368010 PLACE.：NANJING,CHINA

RE. L/C NO. TYRO1104

WE HEREBY CERTIFY THAT WE HAVE BEEN AIRMAILED THE FOLLOWING DOCUMENTS：

1. ONE NON-NEGOTIABLE SHIPPING DOCUMENT
2. TWO COPIES INVOICE

江苏阳光集团毛针织品进出口有限公司

SUNSHINE GROUP JIANGSU WOOLLEN KNIT & GARMTEX I/E CORP. LTD

11.4 制单练习

练习 1 根据下列所给资料，制作受益人证明一份。

L/C NO.：894010151719

BENEFICIARY：CATICO IMPORT AND EXPROT CORP.
87 LIANHU ROAD, NANJING, CHINA

APPLICANT：FLY TRAVEL GOODS I/E GROUP.
OSSERSTRA 12, 7256DZ ENSCHEDE THE NETHERLANDS

DATE OF ISSUE：2013.08.10

LATEST DATE OF SHIPMENT：2013.09.14

EXPIRY DATE：2013.09.28 IN CHINA

DOCUMENTS REQUIRED：

—INVOICE IN TRIPLICATE

—PACKING LIST IN DUPLICATE

—FULL SET ORIGINAL CLEAN ON BOARD BILL OF LADING MADE OUT TO ORDER.

—CERTIFICATE ISSUED BY BENEFICIARY STATE THAT THE GOODS UNDER ORDER NO. 8561 HAS BEEN SHIPPED BEFORE SEP 14, 2013 AND ALL THE REQUIRED DOCUMENTS HAVE BEEN FAXED TO THE APPLICANT IN ONE WEEK AFTER SHIPPING DATE.

(INVOICE & PACKING LIST NO.：SUNJA0306；B/L NO. NIFBCMAFF990887, B/L DATE：2013.09.12.)

CATICO IMPORT AND EXPROT CORP.

87 LIANHU ROAD, NANJING, CHINA

练习 2　根据所给内容缮制木材包装声明。

L/C NO.：894010151720

BENEFICIARY：JIAYI IMPORT AND EXPROT CORP.

187 DONGSAN ROAD, NANJING, CHINA

APPLICANT：JOHHAN INT'L I/E GROUP.

LATEST DATE OF SHIPMENT：2013.05.14

EXPIRY DATE：2013.06.20 IN CHINA

DOCUMENT REQUIRED：

—INVOICE IN TRIPLICATE

—PACKING LIST IN DUPLICATE

—FULL SET ORIGINAL CLEAN B/L IN TRIPLICATE

—DECLARATION ISSUED BY BEFICIARY STATING THAT THE GOODS SHIPPED ARE WITHOUT WOODEN PACKING

(INVOICE & PACKING LIST NO.：SUNJA0406；B/L NO. CGLNKG040605；SHIPMENT DATE：2013.05.08)

JIAYI IMPORT AND EXPROT CORP.

187 DONGSAN ROAD, NANJING, CHINA

实训 12　出具商业汇票

12.1　实训目的

通过实训，要求学习者了解出票、提示、承兑、背书、付款等票据行为的含义，掌握在使用汇票时货款的支付方式和支付程序，掌握商业汇票的内容与缮制方法，会根据信用证或合同缮制商业汇票。

12.2　汇票简介

汇票(DRAFT/BILL OF EXCHANGE)是由出票人签发的，要求付款人在见票时或在一定期限内，向收款人或持票人无条件支付一定款项的票据。汇票是外贸结算中最常使用的支付工具。

按出票人的不同，汇票分为商业汇票和银行汇票两种，在国际贸易的货款结算中，出口商一般都凭商业汇票向进口商索要货款。

出口商的汇票通常都签发一套，一式两份，两份具有同等的法律效力，在使用中注明"SECOND OF EXCHANGE BEING UNPAID(付一不付二)"或者"FIRST OF EXCHANGE BEING UNPAID(付二不付一)"字样。

12.3　商业汇票的制单要点

汇票没有统一的格式，出口方可向银行购买，也可自行设计，但各国票据法都要求其应该载明必要的法定事项，否则汇票无效。汇票的主要内容及制作要求如下：

(1) 出票依据/出票条款(DRAWN UNDER)：包括 DRAWN UNDER、L/C NO 和 DATED 三项。信用证项下的汇票，DRAWN UNDER 栏填开证行名称，L/C NO 和 DATED 栏分别填信用证号码及开证日期；托收项下的汇票，L/C NO. 和 DATED 栏空白不填，DRAWN UNDER 栏列出"为某某号合同项下装运多少数量的某商品办理托收"，即"CONTRACT NO.—AGAINST SHIPMENT OF—(QUANTITY) OF—(COMMODITY) FOR COLLECTION"，或者直接填"FOR COLLECTION"。

(2) 年息(PAYABLE WITH INTEREST@…% PER ANNUAL)：由银行填写，出票时本栏留空不填。

(3) 汇票编号(NO.)：填发票号码或其他有利于识别的号码。

(4) 汇票金额：即汇票上的灰色区域，分为小写和大写两部分。汇票金额应与发票金额一致，并不得超过信用证规定的限额。其中 EXCHANGE FOR 栏填汇票的小写金额，包括货币代号和阿拉伯数字，THE SUM OF 栏填汇票的大写金额，由小写金额翻译而成。

(5) 出票地点及出票日期：出票地点为卖方所在地，出票日期为卖方向银行交单的日期。一般出票地点已事先印好，不需填写，出票日期由银行在出口方交单时填写。

(6) 付款期(AT SIGHT)：付款期分远期付款和即期付款两种。如果是即期付款，即汇票若为即期汇票，本栏填"——"或"……"或"＊＊＊"，如果是远期汇票则填具体的付款期。托收项下的汇票，还应注明交单条件，可直接加注在汇票的左上角，也可在 AT 之前加注 D/P 或 D/A。

(7) 受款人(PAY TO THE ORDER OF/PAYEE)：在我国出口业务中，一般银行为受款人，通常汇票上都已经事先印好。

(8) 付款人(DRAWEE/PAYER)：信用证项下开证行承担第一性付款责任，故信用证项下的汇票，本栏填开证行或信用证指定的付款行。托收项下进口商付款，银行不承担付款责任，故托收项下的汇票，本栏填进口商的名称和详细地址。

(9) 出票人(DRAWER)：即签发汇票的人，一般为出口商，汇票各栏填好后，出口商应在汇票右下角加盖公章，并由负责人签字，否则汇票无效。

12.4 制单练习

练习 1 根据下列内容填制汇票一份。

ISSUING BANK：DEUTSCHE BANK (ASIA) HONGKONG
L/C NO. AND DATE：756/05/1495988，NOV. 20，2013
AMOUNT：USD19,745.00
APPLICANT：MELCHERS (H. K) LTD.，RM. 1210，SHUNTAK CENTRE，200 CONNAUGHT ROAD，CENTRAL，HONGKONG
BENEFICIARY：CHINA NATIONAL ARTS AND CRAFTS IMP. & EXP. CORP. GUANG DONG (HOLDINGS) BRANCH.
WE OPENED IRREVOCABLE DOCUMENTS CREDIT AVAILABLE BY NEGOTIATION AGAINST PRESENTATION OF THE DOCUMENTS DETAILED HEREIN AND OF BENEFICIARY'S DRAFTS IN DUPLICATE AT SIGHT DRAWN ON OUR BANK.
INV. NO.：ITBE001121
DATE OF NEGOTIATION：DEC. 20，2013

凭

Drawn under ....

信用证　　　第　　　号

L/C No. ....

日期

Dated ....

按　息　付款

Payable with interest @ .... % per annum

号码　　　汇票金额　　　中国,广州　年　月　日

No.: .... Exchange for　　　Guangzhou, China ....

见票　　　日后(本汇票之副本未付)

At .... Sight of this FIRST of Exchange (Second of exchange being unpaid)

pay to the order of **BANK OF CHINA, GUANGZHOU BRANCH** 或其指定人

付金额

The sum of

To ....

....

练习 2　根据实训 2 的练习 1 有关内容,填制汇票一份。提单的日期为 12 月 8 日。

凭　　　不可撤销信用证

Drawn under .... Irrevocable L/C No. ....

日期

Dated ....支取 Payable with interest @ .... % .... 按 .... 息 .... 付款

号码　　　汇票金额　　　南京　年　月　日

No.: .... Exchange for　　　Nanjing ....

见票　　　日后(本汇票之副本未付)

At .... Sight of this FIRST of Exchange (Second of exchange being unpaid)

pay to the order of .... 或其指定人

付金额

The sum of

此致

To ....

....

练习3　根据实训2的练习2所提供信用证的有关内容，填制汇票一份。设本信用证项下的货物于2008年3月25日装船，船公司于当日签发提单。

凭　　　　　　　　　　　　　　　　不可撤销信用证
Drawn under .... Irrevocable L/C No. ....

日期
Dated ....支取 Payable with interest @........% ....按........息........付款

号码　　　　　　汇 票 金 额　　　　　　　　　　上　海　　　年　　月　　日
No. : .... Exchange for 　　　　　　　　　 Shang Hai ....

见票　　　　　　　　　　　　　　日 后(本 汇 票 之 副 本 未 付)
At .... Sight of this FIRST of Exchange (Second of exchange being unpaid)

pay to the order of ....或 其 指 定 人

付金额
The sum of

此致
To ....

....

实训 13　填制开证申请书

13.1　实训目的

通过实训，学习者应了解进口业务的基本程序，了解申请开立信用证的程序，掌握信用证开证申请书的缮制要求，能够根据合同填制信用证开证申请书。

13.2　进口开证工作简介

进口商进口货物，应在合同签好后，履行相应的付款手续。凡使用外汇付款的，首先向外汇管理局办理进口付汇备案手续，然后填写购汇用汇申请书，向银行申请购买外汇，凡采用信用证方式支付货款的，还应该向银行申请开立信用证。

进口商申请开立信用证，必须填写信用证开证申请书一式二份（一份自留，一份交银行，作为开立信用证的依据），并提供进口合同等文件，若属国家限制进口的货物，还应有进口许可证、配额证及某些部门的批文等文件。开证时间一般应在合同规定的装运期之前，合同另有规定者除外。

开证行收到进口商的开证申请后，立即对开证申请书、合同、开证申请人的资信状况等进行审核，在确信可以接受申请并收到押金及开证手续费后，即依申请开出信用证，并通过其在受益人所在地的分行或代理行将正本信用证通知受益人。

进口商向银行申请开立信用证，是一项技术性和专业性都很强的工作，如果掌握不好，就有可能引起多次改证，从而付出不必要的费用，增加进口成本，因此进口商在申请开立信用证时，应注意与合同的一致性。

13.3　开证申请书的填制要点

信用证开证申请书的格式因银行而异，但其内容基本一致，主要包括以下几点：

（1）受益人（BENEFICIARY）、申请人（APPLICANT）：须按合同分别填写其详细名称和地址（包括电话、传真、E-MAIL 等）。

（2）运输条款（包括装运港、目的港、最迟装运期，以及运输路线等）：按合同规定的装运港、目的港及最迟装运期填写，并按合同选择是否允许分批及/或转运。

（3）信用证的兑用方式：《UCP600》规定，信用证必须规定其是以即期付款、延期付款、议付还是承兑的方式兑用。因此进口商应在开证申请书中相应位置进行选择。若规定为议付信用证，还应同时规定议付行。

（4）信用证有效期（DATE OF EXPIRY）：由开证申请人根据其实际情况确定。有效期一般应规定在装运后的15天左右，到期地点一般为卖方所在地。

(5) 信用证金额(AMOUNT)和价格条件(PRICE TERM)：应按合同规定填写，并同时给出金额是否允许有上下浮动，如有应给出可浮动的比例。

(6) 汇票条款：应在申请书中相应栏目规定汇票的付款期、付款人及汇票金额。

(7) 货物条款(COMMODITY)和唛头(SHIPPING MARK)：货物条款即商品的品名、规格、型号及数量，可以简单填写，并注明参照××合同即可。唛头按双方约定。

(8) 单据条款(DOCUMENTS REQUIRED)：根据需要选择需随汇票提供的单据，并在选项前打"√"或"×"，在其后空白栏中填写或选择所需单据份数、出具单位及或单据内容。

(9) 附加条款(ADDITIONAL INSTRUCTIONS)：根据需要进行选填。包括交单期限、寄单要求、银行费用等内容。

(10) 其他：如果有其他要求，可在开证申请书的空白处加注。如要求保兑、要求信用证允许转让等等。

13.4 制单练习

练习1 根据下列所提供的合同，填写信用证开证申请书一份。

HAOLAI IMPORT & EXPORT CORPORATION

825-2 FEILONG ROAD, NANJING, JIANGSU, CHINA

购货确认书 NO.: 034-HL1402

PURCHASE CONFIRMATION DATE: FEB 26, 2014

卖方 THE SELLER: ABB TRADE CO., LTD.,
101 QUEENS ROAD CENTRAL, HONGKONG
TEL: 852-28566666

兹确认购买你方下列货物，其条款如下：
WE HEREBY CONFIRM HAVING PURCHASE YOU THE FOLLOWING GOODS ON TERMS AND CONDITIONS AS STATED BELOW:

唛头 SHIPPING MARKS	货名 DESCRIPTION OF GOODS	数量 QUANTITY	单价 UNIT PRICE	金额 AMOUNT
ABB NANJING NO.: 1-1216	6-HEXANEDIOL (6-己二醇)	30.4MT	CIF NANJING USD2,850.00/MT	USD86,640.00

装运期限 SHIPMENT：LATEST APRIL 11，2014.

保险 INSURANCE：TO BE EFFECTED BY THE SELLERS FOR 110% OF INVOICE VALUE COVERING ALL RISKS AND WAR RISKS AS PER PICC. 1981. 1. 1.

付款方式 TERMS OF PAYMENT：L/C 60 DAYS AFIER B/L DATE

装运口岸 PORT OF SHIPMENT：THAILAND MAIN PORT.

到货口岸 PORT OF DESTINATION：NANJING，CHINA.

包装 PACKING：25 KGS/IRON DRUMS.

生产国别 COUNTRY OF ORIGIN：THAILAND.

单据 DOCUMENTS REQUIRED：

1. INOVICE IN 3 COPIES.
2. PACKING LIST IN 3 COPIES.
3. FULL SET CLEAN ON BOARD OCEAN BILL OF LADING MADE OUT TO ORDER NOTIFY THE BUYER.
4. CERTIFICATE OF ORIGIN.
5. INSURANCE POLICY OR CERTIFI CATE IN 2 COPIES.

注意 REMARKS：PLEASE SIGN AND RETURN THE DUPLICATE TO US.

ACCEPTED AND CONFIRMED BY：

(SELLER) ABB TRADE CO. LTD.

JACK.

AUTHORISED SIGNATURE(S)

(BUYER) HAOLAI IMPORT & EXPORT CORPORATION

张三

IRREVOCABLE DOCUMENTARY CREDIT APPLICATION

TO: BANK OF CHINA JIANGSU BRANCH

<table>
<tr><td colspan="2">Beneficiary(full name and address):</td><td>Applicant(full name and address):</td></tr>
<tr><td>Partial shipment:
(　　) allowed
(　　) not allowed</td><td>Transshipment:
(　　) allowed
(　　) not allowed</td><td>Latest date of shipment:

Date of expiry:</td></tr>
<tr><td colspan="2">Loading on board/dispatch/taking in charge
From: ________
To: ________
Price term: ________</td><td>Amount (Both in figures and words):</td></tr>
<tr><td colspan="3">Credit available with (　　) issuing bank or (　　) advising bank or (　　) any bank
(　　) at sight or (　　) at ______ days after ______
(　　) by negotiation, or
(　　) by sight payment, or
(　　) by deferred payment, or
(　　) by acceptance
(　　) with beneficiary's draft for ______% of invoice value.
against the documents detailed herein</td></tr>
<tr><td colspan="2">Commodity:</td><td>Shipping mark:</td></tr>
</table>

续表

Documents required: 1. (　　) Signed commercial invoice in ______ folds indicating l/c no. and contract no. 2. (　　) Full set (3/3) of clean on board ocean bills of lading made out to order and blank endorsed marked "(　　)freight prepaid / (　　) to collect" notify the applicant. (　　) Air waybill consigned to the applicant notify the applicant marked "freight (　　) to collect / (　　) prepaid". 3. (　　) Insurance policy/certificate in ______ folds for 110% of the invoice value, showing claims pay in china in the currency of the draft, blank endorsed covering (　　) ocean marine transportation / (　　) air transportation / (　　) overland transportation all risks, war risks as per clause. 4. (　　) Packing list/weight list in ______ folds indicating quantity/gross and net weights. 5. (　　) Certificate of origin in ______ folds. 6. (　　) Certificate of quantity/weight in ______ folds. 7. (　　) Certificate of quality in ______ folds issued by (　　) manufacturer / (　　) beneficiary. 8. (　　) Beneficiary's certified copy of telex/fax dispatched to the applicant within 　　 days/hours after shipment advising goods name, (　　) name of vessel / (　　) flight no., date, quantity, weight and value of shipment. 9. (　　) Beneficiary's certificate certifying that (　　) one set of non—negotiable documents / (　　)one set of non—negotiable documents (including 1/3 original b/l) has been dispatched to the applicant directly by courier/speed post. 10. Other documents, if any:
Additional instructions: 1. All banking charges outside the issuing bank are for beneficiary's account. 2. Documents must be presented within ______ days after the date of shipment but within the validity of this credit. 3. Both quantity and amount ______ % more or less are allowed. 4. All documents must be sent to issuing bank by courier/speed post in one lot. 5. Other terms, if any:

联系人：　　　　　　　　电话号码：　　　　　　　　传真号：

练习 2　根据下列合同，填写信用证开证申请书一份。

合　同
CONTRACT

No.：HL－GY－201
Date：2013－10－12

卖方 **The Seller**：BCD GFT
DANCER STREET 200，B－2808 STEYR AUSTRIA.
TEL：＋43 700 880－1

买方 **The Buyer**：GUANGYANG IMPORT & EXPORT CORPORATION
825－2 FEILONG ROAD，NANJING，JIANGSU，CHINA.
TEL：＋86 85550185

1　兹经买卖双方同意，买方购进，卖方出售下列货物，并按以下条款签订合同。This Contract is made by and between the Buyers and the Sellers，whereby the Buyers agree to buy and the Sellers agree to sell the under-mentioned commodity according to the terms and conditions stipulated below.

Commodity，Specifications	Quantity	Unit Price	Amount
Horizontal Radial Forging Equipment Model：RF40 Country of origin：Austria Details see appendices1－10	1SET	**CIF Shanghai，China** EUR6500000.00	EUR6500000.00
Total value：say euro six million five hundred thousand only.			

2　包装 Packing：

用适合于长距离海运的、结实的木箱包装。箱内应装入两套完整的技术文件。To be packed in strong wooden case(s)，suitable for ocean freight transportation. Two full sets of technical documents shall be enclosed in the case(s).

3　唛头 Shipping mark：

卖方应在每个包装箱上标明 IPPC 标识及唛头。The sellers shall mark on each package IPPC mark and the shipping mark：

11JD4104

－－－－－－－－－－

Shanghai，China

4　装运 Shipment：

2014 年 3 月 31 日之前，从欧洲海港运到中国上海，不允许分批，不允许转运。The sellers shall ship the goods from the port of shipment European seaport to the port of destination shanghai，P. R. China Before 31 March，2014. Transshipment is not allowed. Partial shipment is not allowed.

5　保险 Insurance：

由卖方投保一切险和战争险。To be covered by the sellers at all risks and war risk.

6　付款方式 Payment：

6－1　预付款 Downpayment：

在合同生效日之后的 10 天内，买方应将合同金额的 25％电汇付给卖方。The buyers should，within 10 days after the signing date of the contract，pay 25％ of the total contract value to the sellers by T/T.

6－2　装运货款 Delivery payment：

买方应在合同生效日期后最迟 10 个月，申请开立以卖方为受益人的不可撤销的即期信用证，信用证金额为合同总货值的 70％。卖方凭即期汇票及装运单据向开证行进行议付。The buyers shall，latest 10 months after the effective date of contract，open an irrevocable L/C in favor of the sellers，for 70％ of the total contract value. Delivery payment shall be available against sellers' draft drawn at sight on opening bank accompanied by the shipping documents.

6－3　尾款 Balance payment：

合同总金额的 5％，买方在收到卖方下列单据后 10 天内以 T/T 方式支付。5％ of the total contract value shall be paid by the buyers by T/T within 10 days after receipt of the following documents.

(1) 3 份正本发票. Invoice in 3 originals.

(2) 由买卖双方共同签署盖章的最终验收报告(一正一副)。The final acceptance certificate signed and stamped by the buyers and the sellers in 1 original and 1 copy.

(3) 由卖方银行开出的以买方为受益人的，合同总额 5％的不可撤销银行保函，保函有效期为验收证书签署日后 360 天。An irrevocable letter of guarantee issued by the sellers' bank in favor of the buyers amounting to 5％ of the total contract value，the above-mentioned letter of guarantee shall be paid until the 360th day after the signing date of the final acceptance certificate.

7　单据要求 Documents required：

(1) 全套 3 份的清洁已装船海运提单，标明运费预付，空白抬头，空白背书，在目的港通知买方。Full set (3 /3) of clean on board ocean bills of lading marked "freight prepaid" made out to order blank endorsed notifying the buyers at the port of destination.

(2) 商业发票 3 份正本。Invoice in 3 originals.

(3) 装箱单 3 份正本。Packing list in 3 originals.

(4) 全套 2 份的保险单据。投保金额为发票值 的 110％，标明索赔地点为中国境内，以欧元支付，空白背书，包含海运一切险和战争险。Full set (2/2) of insurance policy/certificate for 110％ of the invoice value showing claims payable in china in currency EURO，blank endorsed，covering (ocean marine) all risks and war risk.

(5) 卖方出具的质量保证书 4 份正本。Certificate of quality in 4 originals issued by the sellers.

(6) 由奥地利政府机构出具的原产地证明书一份正本、一份副本。Certificate of origin in 1 original and 1 copy，issued by the relevant Austrian government authority.

(7) 由卖方出具的货物木质包装的热处理证明 2 份正本，确认木质包装上已加盖了 IPPC 标识。Certificate of heat treatment for the wooden cases packing the contract goods in

2 originals that certify the wooden cases have been labeled with IPPC mark issued by the sellers.

(8) 卖方在装运后 3 天内传真给买方的装运通知一份，需标明货物名称、数量、重量、发票价值、船名、开船日期。Copy of fax to the buyers advising name of goods, quantity, weight, value, name of vessel and shipment date , within 3days after shipment is made.

8　附加条款：

卖方应在装运后 7 个工作日之内，将上述单据的全套副本用特快专递 DHL 寄给买方。In addition, the sellers shall, within 7 working days after shipment, send one extra set of copies of the aforesaid documents (except item 9) to the buyers by DHL.

9　质量保证 Guarantee of quality：(略)

10　索赔 Claims：(略)

11　不可抗力 Force majeure：(略)

12　推迟交货和罚款 Late delivery and penalty：(略)

13　仲裁 Arbitration：(略)

14　特殊条款 Special provisions：(略)

The buyers:	The Sellers:
GUANGYANG IMPORT & EXPORT CORPORATION	BCD GFT

IRREVOCABLE DOCUMENTARY CREDIT APPLICATION

TO: BANK OF CHINA JIANGSU BRANCH

<table>
<tr><td colspan="2">Beneficiary(full name and address):</td><td>Applicant(full name and address):</td></tr>
<tr><td>Partial shipment:
(　　) allowed
(　　) not allowed</td><td>Transshipment:
(　　) allowed
(　　) not allowed</td><td>Latest date of shipment:

Date of expiry:</td></tr>
<tr><td colspan="2">Loading on board/dispatch/taking in charge
From: ______________
To: ______________
Price term: ______________</td><td>Amount (Both in figures and words):</td></tr>
<tr><td colspan="3">Credit available with (　　) issuing bank or (　　) advising bank or (　　) any bank
(　　) at sight or (　　) at ______ days after ______
(　　) by negotiation, or
(　　) by sight payment, or
(　　) by deferred payment, or
(　　) by acceptance
(　　) with beneficiary's draft for ______% of invoice value.
against the documents detailed herein</td></tr>
<tr><td colspan="2">Commodity:</td><td>Shipping mark:</td></tr>
</table>

续表

Documents required: 1. (　　) Signed commercial invoice in ________ folds indicating l/c no. and contract no. 2. (　　) Full set (3/3) of clean on board ocean bills of lading made out to order and blank endorsed marked "(　　)freight prepaid / (　　) to collect" notify the applicant. (　　) Air waybill consigned to the applicant notify the applicant marked "freight (　　) to collect / (　　) prepaid". 3. (　　) Insurance policy/certificate in ________ folds for 110% of the invoice value, showing claims pay in china in the currency of the draft, blank endorsed covering (　　) ocean marine transportation / (　　) air transportation / (　　) overland transportation all risks, war risks as per clause. 4. (　　) Packing list/weight list in ________ folds indicating quantity/gross and net weights. 5. (　　) Certificate of origin in ________ folds. 6. (　　) Certificate of quantity/weight in ________ folds. 7. (　　) Certificate of quality in ________ folds issued by (　　) manufacturer / (　　) beneficiary. 8. (　　) Beneficiary's certified copy of telex/fax dispatched to the applicant within 　　 days/hours after shipment advising goods name, (　　) name of vessel / (　　) flight no., date, quantity, weight and value of shipment. 9. (　　) Beneficiary's certificate certifying that (　　) one set of non—negotiable documents / (　　)one set of non—negotiable documents (including 1/3 original b/l) has been dispatched to the applicant directly by courier/speed post. 10. Other documents, if any:
Additional instructions: 1. All banking charges outside the issuing bank are for beneficiary's account. 2. Documents must be presented within ______ days after the date of shipment but within the validity of this credit. 3. Both quantity and amount ______% more or less are allowed. 4. All documents must be sent to issuing bank by courier/speed post in one lot. 5. Other terms, if any:

联系人：　　　　　　　　电话号码：　　　　　　　　传真号：

实训 14　审核进出口单证

14.1　实训目的

通过实训，学习者应了解审核进出口单证的工作程序，掌握进出口审单的工作要点，能够根据合同、信用证等资料审核各种单据。

14.2　进出口审单工作要点

进出口审单，应遵循“单同一致、单单一致、单证一致”的原则，审单的要点主要有以下几个方面。

(1) 审核单据的内容是否正确：在进出口业务中，商业发票是对货物全面和详细的描述，它是所有单据的核心，其他单据均以商业发票为中心来制作。因此，进出口商审核单据，首先应审核商业发票所记载的内容是否正确，与合同、信用证等基础资料的要求是否相符。然后再以商业发票为中心，以信用证单据条款为依据，审核其他单据的内容是否正确，与商业发票是否协调，有无相互矛盾之处。如果单据有签章、背书或更改，还要审核签章和背书是否正确和完整，更改是否符合商业惯例等。

(2) 审核单据的出具日期是否合理：在正常的国际贸易中，发票的出具日期最早，汇票的出具日期最晚，提单的出具日期在最迟装运期之前，且与汇票间隔不得超过规定的交单期，保险单应早于提单，装运通知单则应晚于提单，产地证应晚于发票、早于提单。进出口商审核单据的出具日期时，应以提单日期为准进行审核。

(3) 审核单据的种类和份数是否齐全：单据的种类和份数，通常都反映在合同或信用证的单据条款中，进出口商可以对照单据条款查看需要的单据种类和份数。但是对汇票的要求并不反映在单据条款中，通常，托收项下需要汇票，汇款项下不需要汇票，而信用证项下是否需要汇票，则与信用证的兑付方式密切相关：议付信用证、承兑信用证需要汇票，而即期付款和延期付款信用证则一般不需要汇票。进出口商在检查单据的种类和份数时要注意这一点，同时还要注意单据的正本和副本份数。

14.3 审单练习

练习 1 下列是根据实训 4 练习 1 提供的信用证及相关资料制作的全套单据，请结合所学知识，对单据进行审核，找出存在的问题并进行纠正。注意：公司产地证授权签字人为王二。

厦门银城企业总公司（企业代码 3502010000）

XIAMEN YINCHENG ENTERPRISE GENERAL CORP.

176 Lujiang Road Xiamen，China，Tel：86－592－2046841，Fax：86－592－2020396

COMMERCIAL INVOICE

MESSERS：

BAMA SEA PRODUCTS INC.　　　　**NO：**E－30585－2012

1499 BEACH DRIVE S. E. ST PELERSBURG. FL 33701 USA　　　　**DATE：**AUG. 18，2012

L/C NO.：E－B－4590888A

TRANSPORT DETAILS：FROM XIAMEN **TO** TAMPA，FL，USA. **BY** SHIP

DESCRIPTION OF GOODS：

CHINESE SAND SHRIMP OR BIG HARD SHELL SHRIMP

(FROZEN，RAW，PEELED，TAIL ON)

SIZE(MM)	QUANTITY(KGS.)	UNIT PRICE(/KGS)	AMOUNT
		CFR TAMPA FL. U. S. A.	
70/90	3,000	USD6.60	USD19,800.00
91/110	5,004	USD6.35	USD31,775.40
111/130	6,000	USD5.45	USD32,700.00
131/150	7,992	USD4.55	USD36,363.60
151/200	12,000	USD4.15	USD49,800.00

TOTAL　　33,996KGS　　USD170,439.00

TOTAL AMOUNT IN WORDS：US DOLLARS ONE HUNDRED AND SEVENTY THOUSAND FOUR HUNDRED AND THIRTY NINE ONLY.

SHIPPING MARK：

BAMA

TAMPA

厦门银城企业总公司

XIAMEN YINCHENG ENTERPRISE GENERAL CORP.

李银城

厦门银城企业总公司（企业代码 3502010000）

XIAMEN YINCHENG ENTERPRISE GENERAL CORP.

176 Lujiang Road Xiamen, China, Tel: 86－592－2046841, Fax: 86－592－2020396

PACKING LIST

MESSERS:

BAMA SEA PRODUCTS INC.

1499 BEACH DRIVE S. E. ST PELERSBURG. FL 33701 USA

NO: E－30585－2012

DATE: AUG. 18, 2012

L/C NO.: E－B－459088A

TRANSPORT DETAILS: FROM XIAMEN **TO** TAMPA, FL, USA. **BY** SHIP

C/NO.	DESCRIPTION	QUANTITY	PACKAGE	GW	MEAS
CHINESE SAND SHRIMP OR BIG HARD SHELL SHRIMP (FROZEN, RAW, PEELED, TAIL ON)					
1－250	70/90	3,000 KGS	250 CTNS	3,125 KGS	32×22×20.5CM
251－667	91/110	5,004 KGS	417CTNS	5,212.5KGS	34×22×20.5CM
668－1167	111/130	6,000 KGS	500CTNS	6,250KGS	36×22×20.5CM
1168－1833	131/150	7,992 KGS	666CTNS	8,325KGS	39×22×20.5CM
1834－2833	151/200	12,000 KGS	1,000CTNS	12,500KGS	42×24.5×20.5 CM
TOTAL		33,996KGS	2,833CTNS	35,412.5KGS	50.93M³

PACKED IN: 2,833 CARTONS

EACH CARTON CONTAIN: 12 KGS

GROSS WEIGHT/CTN: 12.5KGS

NET WEIGHT/CTN: 12KGS

TOTAL GROSS WEIGHT: 16,200KGS

TOTAL NET WEIGHT: 34,000KGS

MEASUREMENT: 50.93M³

SHIPPING MARK:

BAMA

TAMPA

厦门银城企业总公司

XIAMEN YINCHENG ENTERPRISE GENERAL CORP.

李银城

Consignor XIAMEN YINCHENG ENTERPRISE GENERAL CORP. 176Lujiang Road Xiamen, China, Tel: 86-592-2046841, Fax: 86-592-2020396	**No.** : LU0235R30585 Country Code HK ICC **FBL** NEGOTIABLE FIATA COMBINED TRANSPORT **BILL OF LADING** Issued Subject to ICC Uniform Rules for a Combined Transport Document(ICC Publication 298)
Consigned to Order of TO THE ORDER OF SHIPPER	
Notify WILLIAMS CLARKE, INC. 603 NORTH FRIES AVENUE, WILMINGTON, CA 90744, USA.	CARRIER: **ZUST AMBROSETTI FAR EAST LTD.**

	Place of receipt XIAMEN	Vessel Name: SUHONG
Ocean Vessel SUHONG V. 025	Port of Loading XIAMEN	Voyage No. : V025
Port of Discharge LONGBEACH	Place of Delivery TAMPA, FL, USA	On Board Date: SEP. 02, 2012

Marks and Numbers	No. and Kind of Packages	Description of Goods	Gross Weight	Measurement
G-III TAMPA	2833CTNS	SHRIMP	38245.5KGS	50.93 M^3

ON BOARD
SEP. 02, 2012

2×20′ CONTAINER EASU982341/EASU520142

FREIGHT PREPAID

STC TWO THOUSAND EIGHT HUNDRED AND THIRTY-THREE CARTONS ONLY

The goods and instructions are accepted and dealt with subject to Standard Conditions printed overleaf. Taken in charge in apparent good order and condition, unless otherwise noted herein, at the place of receipt for transport and delivery as mentioned above.

One of these Combined Transport Bill of Lading must be surrendered duly endorsed in exchange for the goods. In witness whereof the original Combined Transport bills of Lading all of this tenor and date have been signed in the number stated below, one of which being accomplished the other(s) to be void.

Freight Amount USD2,100.00	Freight Payable at	Place and Date of Issue XIAMEN, SEP. 02, 2012
Cargo insurance through the undersigned □not covered □covered according to attached policy	No of Original FBL's 2(TWO)	Stamp & Signature 上海锦程国际物流有限公司 张三 AS CARRIER
For delivery of goods please apply to:		

1. Exporter
XIAMEN YINCHENG ENTERPRISE GENERAL CORP.
176Lujiang Road Xiamen, China,
Tel: 86 - 592 - 2046841, Fax: 86 - 592 - 2020396

Certificate No. CIQ 064814623

CERTIFICATE OF ORIGIN
OF
THE PEOPLE'S REPUBLIC OF CHINA

2. Consignee
WILLIAMS CLARKE, INC.
603 NORTH FRIES AVENUE,
WILMINGTON, CA 90744, USA.

3. Means of transport and route
FORM XIAMEN, CHINA TO TAMPA, FL, USA BY SEA

4. Country/region of destination
USA

5. For certifying authority use only

6. Marks and numbers	7. Number and kind of packages; description of goods	8. H. S code	9. Quantity	10. Number and date of invoices
BAMA TAMPA	2833 CTNS CHINESE SAND SHRIMP OR BIG HARD SHELL SHRIMP (FROZEN, RAW, PEELED, TAIL ON) SAYTWO THOUSAND EIGHT HUNDRED AND THIRTY THREE CARTONS ONLY) *	03061311	34000KGS	NO.: E - 30585 - 2012 DATE: AUG. 19, 2012

11. Declaration by the exporter

The undersigned hereby declares that the above details and statements are correct; that all the goods were produced in china and that they comply with the rules of origin of the people's republic of china.

厦门银城企业总公司
XIAMEN YINCHENG ENTERPRISE
GENERAL CORP.
李银城

XIAMEN, CHINA AUG. 28, 2012
Place and date, signature and stamp of certifying authority

12. Certification
It is hereby certified that the declaration by the exporter is correct.

出入境检验检疫局厦门分局
单据证明专用证

XIAMEN, CHINA AUG. 28, 2012
Place and date, signature and stamp of certifying authority

凭

Drawn under FIRST ALABAMA BANK

106 ST. FRANCIS STREET MOBILE ALABAMA 36602 USA

信用证 第 号

L/C No EE-BB-459088A

1

日期

Dated AUGUST 1，2012

按 息 付款

Payable with interest @............... % per annum

号码 汇票金额 中国，厦门 年 月 日

No： E-30585-2012 Exchange for USD170439.00 Xiamen，China ....

见票 日 后 （本汇票之副本未付）

At 90DAYS AFTER Sight of this **FIRST** of Exchange（Second of exchange being unpaid）

Pay to the order of THE BANK OF EAST ASIA LIMITED XIAMEN BRANCH 或其指定人

付金额

The sum of US DOLLARS ONE HUNDRED AND SEVENTY THOUSAND FOUR HUNDRED AND THIRTY NINE ONLY.

To：NATIONAL WESTMINSTER BANK NEW YORK.

练习 2　根据下列合同及信用证，审核进口来单。

南京家之杰集团股份有限公司

NANJING JIAZHIJIE IMP. & EXP. GROP. COMP.

14 TIANTANG VILLEGE, JUNNONG ROAD, NANJING CHINA 210016

PO NO.:AB#034

<table>
<tr><td colspan="3">TO:
A&B FIRE SECURITY LTD80 ANG MO KIO INDUSTRIAL PARK 4 68790,SINGAPORE
Fax:65－63888888
Tel:65－63777777
Attn:MR HUNSON LEE</td><td>订单
PURCHASE ORDER</td><td colspan="2">SHIP TO:
NANJING JIAZHIJIE IMP. & EXP. GROP. COMP.
Fax:86－25－84287014
Tel:86－25－84287015
E-mail:guangyf@niit.edu.cn</td></tr>
<tr><td colspan="2">ORDER DATE
08.03.02</td><td>DUE DATE</td><td>FROM SINGAPORE
TO NANJING</td><td>TERMS
L/C</td><td>SHIP VIA
AIR FREIGHT</td></tr>
<tr><td>ITEM</td><td>QUANTY</td><td>STYLE NUMBER</td><td>DESCRIPTION</td><td>UNIT PRICE</td><td>AMOUNT</td></tr>
<tr><td></td><td></td><td></td><td>FOB SINGAPORE</td><td></td><td></td></tr>
<tr><td>1</td><td>47,000 PCS</td><td>ZL70－B1</td><td>SUPERTAG VST CHARCOAL</td><td>USD0.08</td><td>USD3,760.00</td></tr>
<tr><td>2</td><td>47,000 PCS</td><td>MJ70－H</td><td>SUPERTAG VST TACK</td><td>USD0.015</td><td>USD705.00</td></tr>
<tr><td></td><td></td><td colspan="3">REMARKS:
1. NANJING JIAZHIJIE IMP. &EXP. GROP. COMP. SHALL ISSUE AN L/C IN FAVOUR OF RECINE
2. DELIVERY:14－16WEEKS</td><td></td></tr>
<tr><td colspan="4">BUYER:NANJING JIAZHIJIE IMP. &EXP. GROP. COMP.</td><td colspan="2">TOTAL:USD4,465.00</td></tr>
</table>

银行开立的信用证如下：

BASIC HEADER F 01 HSBCSGSGXXX
HONGKONG AND SHANGHAI BANKING CORP.,
SINGAPORE

APPLICANTION HEADER Q 700 011214 BKCHCNBJ940
BANK OF CHINA, JIANGSU BRANCH,
NANJING CHINA

USER HEADER SERVICE CODE 103:
BANK. PRIORITY 113:
MESG USER REF. 108:
BBIBMEY036P40000
INFO. FROM CI 115:

SEQUENCE OF TOTAL	27	: 1/1
FORM OF DOC. CREDIT	40 A	: IRREVOCABLE
DOC. CREDIT NUMBER	20	: BKCHJS123321
DATE OF ISSUE	31 C	: 080428
EXPIRY	31 D	: DATE 080630 PLACE AT IN U. S. A
APPLICANT	50	: NANJING JIAZHIJIE IMP. & EXP. GROP. COMP., 14 TIANTANG VILLEGE, JUNNONG ROAD, NANJING CHINA 210016
BENEFICIARY	59	: A&B FIRE SECURITY LTD. 80 ANG MO KIO INDUSTRIAL PARK 4 68790, SINGAPORE
AMOUNT	32 B	: CURRENCY USD AMOUNT 4,465.00
POS. /NEG. TOL. (%)	39 A	: 05/05
AVAILABLE WITH/BY	41 D	: ANY BANK BY NEGOTIATION
DRAFTS AT …	42 C	: AT 30 DAYS AFTER SIGHT FOR FULL INVOICE VALUE
DRAWEE	42 D	: BANK OF CHINA, JIANGSU BRANCH, NANJING CHINA
PARTIAL SHIPMENTS	43 P	: ALLOWED
TRANSSHIPMENT	43 T	: NOT ALLOWED
LOADING IN CHARGE	44 A	: SINGAPORE
FOR TRANSPORT TO	44 B	: NANJING, CHINA
LATEST DATE SHIPMENT	44 C	: 080615
DESCRIPTION OF GOODS	45 A	: SUPERTAG VST CHARCOAL, ZL70 - B1, 47,000PCS IN USD0.08/PCS SUPERTAG VST TACK, MJ70 - H, 47,000PCS

IN USD0.015/PCS
TOTAL AMOUNT: USD4,465.00
PRICE TERM: FOB SINGAPORE
DETAILS AS PER S/C NO. ABC341 - AA, PO NO. AB#034
SHIPPING MARK: JIAZHIJIE
NANJING
PO NO. AB#034
NO. 1 - UP

DOCUMENTS REQUIRED 46 A : 1. MANUALY SIGNED COMMERCIAL INVOICE IN TRIPLICATE.

2. PACKING LIST IN TRIPLICATE INDICATING ALL THE GOODS MUST BE PACKED IN CARTON SUITABLE FOR LONG DISTANCE OCEAN TRANSPORTATION.

3. FULL SET OF CLEAN ON BOARD OCEAN MARINE BILL OF LADING MADE OUT TO ORDER OF SHIPPER AND BLANK ENDORSED MARKED "FREIGHT COLLECT" AND NOTIFY APPLICANT.

4. INSURANCE COVERED BY THE APPLICANT, DETAILS OF THE SHIPMENT UNDER THIS L/C MUST BE ADVISED BY BENEFICIARY WITHIN TWO DAYS AFTER SHIPMENT BY FAX OR BY AIRMAIL DIRECT TO M/S PING AN INSURANCE COMPANY OF CHINA, LTD. NANJING BRANCH, FAX NO. 693188 OR 754345, REFERING TO L/C NO., SUCH ADVICE SHOULD ACCOMPANY DOCUMENTS PRESENTED FOR NEGOTIATION.

ADDITIONAL COND. 47 A : 5 PERCENT MORE OR LESS BOTH IN QUANTITY AND AMOUNT IS ALLOWED.

DETAILS OF CHARGES 71 B : ALL BANKING CHARGES OUTSIDE NANJING ARE FOR ACCOUNT OF BENEFICIARY.

PRESENTATION PERIOD 48 : DOCUMENTS TO BE PRESENTED WITHIN 15 DAYS AFTER THE DATE OF ISSUANCE OF THE SHIPPING

		DOCUMENT BUT WITHIN THE VALIDITY OF THE CREDIT.
CONFIRMATION	49	: WITHOUT
INSTRUCTIONS	78	: NEGOTIATING BANK IS TO SEND DOCUMENTS TO US IN ONE LOT BY DHL. UPON RECEIPT OF THE DOCUMENTS IN ORDER WE WILL COVER YOU AS PER YOUR INSTRUCTIONS. THIS L/C IS SUBJECT TO UNIFORM CUSTOMS AND PRACTICE FOR DOCUMENTARY CREDITS (2007 REVISION) INTERNATIONAL CHAMBER OF COMMERCE PUBLICATION NO. 600.

国外出口商交来的单据如下所示：

A&B FIRE SECURITY LTD.

80 ANG MO KIO INDUSTRIAL PARK

4 68790,SINGAPORE

COMMERCIAL INVOICE

TO:NANJING JIAZHIJIE IMP. &EXP. GROP. COMP.

14 TIANTANG VILLEGE, JUNNONG ROAD ,

NANJING CHINA 210016

INV NO. :GD-88987

DATE:10 MAY,2008

SHIPPING MARK:

JIAZHIJIE

NANJING

PO NO. AB#034

NO. 1-UP

FROM SINGAPORE TO SHANGHAI BY SEA

ITEM	STYLE	DESCRIPTION OF GOODS	QUANTITY	UNIT PRICE	AMOUN
1	ZL70-B1	SUPERTAG VST CHARCOAL	47,000PCS	USD0.08/PCS	USD3,760.00
2	MJ70-H	SUPERTAG VST TACK	47,000PCS	USD0.015/PCS	USD705.00
		PRICE TERM: FOB SINGAPORE			
		DETAILS AS PER S/C NO. ABC341-AA,PO NO. AB#034			
TOTAL:			84,000PCS		USD4,465.00

TOTAL AMOUNT(USD): 4,465.00

TOTAL PAYABLE(USD):4,465.00

A&B FIRE SECURITY LTD.
80 ANG MO KIO INDUSTRIAL PARK
4 68790, SINGAPORE

PACKING LIST

TO: NANJING JIAZHIJIE IMP. &EXP. GROP. COMP.
14 TIANTANG VILLEGE, JUNNONG ROAD,
NANJING CHINA 210016

INV NO.: A&B-88987
DATE: 10 MAY, 2008

SHIPPING MARK:
JIAZHIJIE
NANJING
PO NO. AB#034
NO. 1-UP
FROM SINGAPORE TO SHANGHAI BY SEA

ITEM	STYLE	DESCRIPTION OF GOODS	QUANTITY	WEIGHT	MEASUREMENT
1	ZL70-B1K	SUPERTAG VST CHARCOAL	47,000PCS	352.5KGS	38CM×38CM×29CM
2	MJ70-H	SUPERTAG VST TACK	47,000PCS	47KGS	36CM×36CM×23CM
		DETAILS AS PER S/C NO. ABC341-AA, PO NO. AB#034			
TOTAL:			84,000PCS	399.5KGS	2.6M^3

TOTAL PACKAGES: 49CTNS(2 PALLETS)
TOTAL WEIGHT: 399.5KGS
TOTAL QUANTITY: 84,000PCS

B/L No.：GFT556

Shipper A&B FIRE SECURITY LTD. 80 ANG MO KIO INDUSTRIAL PARK 4 68790 SINGAPORE	中国对外贸易运输总公司 CHINA NATIONAL FOREIGN TRADE TRANSPORTATION CORP.
Consignee or order TO ORDER	直运或转船提单 BILL OF LADING DIRECT OR WITH TRANSHIPMENT

Notify address NANJING JIAZHIJIE IMP. &EXP. GROP. COMP.		SHIPPED on board in apparent good order and condition (unless otherwise indicated) the goods or packages specified herein and to be discharged at the mentioned port of discharge or as near thereto as the vessel may safely get and be always afloat. The weight, measure, marks and numbers, quality, contents and value. Being particulars furnished by the shipper, are not checked by the currier on loading. The shipper, consignee and the holder of this bill of lading hereby expressly accept and agree to all printed, written or stamped provisions. Exceptions and conditions of this Bill of Lading, including those on the back hereof. IN WITNESS whereof the number of original Bills if Lading stated below have been signed, one of which being accomplished, the other to be void.
Pre-carriage by	Place of receipt	
Vessel DONGFENG V. 1908K	Port of loading SINGAPORE PORT	
Port of discharges SHANGHAI	Final destination	

Container seal No. or marks and No. s	Number and kind of packages Description of goods	Gross weight(kgs.)	Measurement (m^3)
A&B IT NANJING PO. NO. AB 034 NO. 1 - UP	49CTNS(2 PALLETS)	399. 5KGS	2. 6M^3
	1×20'CFS/CFS CONTAINER NO. TGHU4567890 DATE:2008 - 06 - 15 FREIGHT PREPAID		ON BOARD

REGARDING TRANSHIPMENT INFORMATION PLEASE CONTACT	Freight and charges

Ex. rate	Prepaid at SINGAPORE	Freight payable at	Place and date of issue SINGAPORE, 15 JUN,2008
	Total prepaid	Number of original Bs/L THREE(3)	Signed for or on behalf of the Master GREE LINE CO. as CARRIER

(SINOTRANS STANDARD FORM 4)

SUBJECT TO THE TERMS AND CONDITIONS ON BACK 95c No. 0123450

A&B FIRE SECURITY LTD.

80 ANG MO KIO INDUSTRIAL PARK

4 68790,SINGAPORE

SHIPMENT DETAILS

TO:NANJING JIAZHIJIE IMP. &EXP. GROP. COMP.

14 TIANTANG VILLEGE, JUNNONG ROAD ,

RE:L/C NO. : HSBC123321

WE HEREBY INFORM YOU THAT THE GOODS ABOVE MENTIONED L/C HAVE BEEN SHIPPED, THE DETAILS ARE AS FOLLOWS:

COMMODITY: SUPERTAG VST CHARCOAL

QUANTITY: 84,000 PIECES

PACKAGES: 49CTNS

VALUE: USD4,465.00

S/C NO. ABC341-AA,

PORT OF LOADING: SINGAPORE

PORT OF DISCHARGE: NANJING

VESSEL: SHENGLI V. VH-07861

SHIPENT DATE: 2008-06-15

MARKS:

JIAZHIJIE

NANJING

PO NO. AB#034

NO. 1-UP

实训 15　综合制单

15.1　实训目的

单证学习者在掌握了每一种单据的缮制要求及其制作技巧后，有必要进行系统的综合训练。只有将零散的单证知识和整个外贸业务贯通起来，才能进一步掌握外贸单证工作的整体操作流程，从而提高处理外贸单证的实际操作能力。

本综合制单练习提供了不同价格条件和付款条件的信用证、合同、订单等文件。对学习者进行系统的制单训练，旨在通过本模拟综合制单练习，培养学习者细致、耐心的工作作风，提高其在外贸单证工作中的协调能力。让学习者能够根据各种不同类型的信用证、合同以及订单等文件熟练制单，加深其对外贸单证各业务操作环节的了解。

15.2　综合制单练习

练习 1　根据下列买方来证及有关信息制单。注意：买卖双方第 AWC－23－522 号合同项下商品的有关信息如下：商品用纸箱包装，每箱装 10 盒，每箱净重为 75 KGS，毛重为 80 KGS，纸箱尺寸为 113 cm×56 cm×30 cm，商品编码为 6802.2110，货物由“胜利”轮运送出海。

FROM：HONGKONG AND SHANGHAI BANKING CORP.，HONGKONG
TO：BANK OF CHINA，XIAMEN BRANCH，XIAMEN CHINA
TEST：12345 DD. 080705 BETWEEN YOUR HEAD OFFICE AND US. PLEASE CONTACT YOUR NO. FOR VERIFICATION.
WE HEREBY ISSUED AN IRREVOCABLE LETTER OF CREDIT
NO. HKH123123 FOR USD8,440.00，DATED 080705.
APPLICANT：PROSPERITY INDUSTRIAL CO. LTD.
342－3 FLYING BUILDING KINGDOM STREET HONGKONG
BENEFICIARY：XIAMEN TAIXIANG IMP. AND EXP. CO. LTD.
NO. 88 YILA ROAD 13/F XIANG YE BLOOK RONG HUA BUILDING，XIAMEN，CHINA
THIS L/C IS AVAILABLE WITH BENEFICIARY'S DRAFT AT 30 DAYS AFTER SIGHT DRAWN ON US ACCOMPANIED BY THE FOLLOWING DOCUMENTS：

1. SIGNED COMMERCIAL INVOICE IN TRIPLICATE.
2. PACKING LIST IN TRIPLICATE INDICATING ALL THE GOODS MUST BE PACKED IN CARTON/ NEW IRON DRUM SUITABLE FOR LONG DISTANCE OCEAN TRANSPORTATION.

3. CERTIFICATE OF CHINESE ORIGIN IN DUPLICATE.
4. FULL SET OF CLEAN ON BOARD OCEAN MARINE BILL OF LADING MADE OUT TO ORDER AND BLANK ENDORSED MARKED "FREIGHT PREPAID" AND NOTIFY APPLICANT.
5. INSURANCE POLICY OR CERTIFICATE IN DUPLICATE ENDORSED IN BLANK FOR THE VALUE OF 110 PERCENT OF THE INVOICE COVERING FPA/WA/ ALL RISKS AND WAR RISK AS PER CIC DATED 1/1/81.

SHIPMENT FROM: XIAMEN, CHINA . SHIPMENT TO: HONGKONG
LATEST SHIPMENT 31 AUGUST 2008
PARTIAL SHIPMENT IS ALLOWED, TRANSSHIPMENT IS NOT ALLOWED.
COVERING SHIPMENT OF:

COMMODITY AND SPECIFICATIONS	QUANTITY	UNIT PRICE	AMOUNT
			CIF HONGKONG.
1625/3D GLASS MARBLE	2,000BOXES	USD2. 39/BOX	USD4,780. 00
1641/3D GLASS MARBLE	1,000BOXES	USD1. 81/BOX	USD1,810. 00
2506D GLASS MARBLE	1,000BOXES	USD1. 85/BOX	USD1,850. 00

SHIPPING MARK: P. 7.
HONGKONG
NO. 1 - UP

ADDITIONAL CONDITIONS:
5 PERCENT MORE OR LESS BOTH IN QUANTITY AND AMOUNT IS ALLOWED.
ALL BANKING CHARGES OUTSIDE ISSUING BANK ARE FOR ACCOUNT OF BENEFICIARY.
DOCUMENTS TO BE PRESENTED WITHIN 15 DAYS AFTER THE DATE OF ISSUANCE OF THE SHIPPING DOCUMENT BUT WITHIN THE VALIDITY OF THE CREDIT.
INSTRUCTIONS:
NEGOTIATING BANK IS TO SEND DOCUMENTS TO US IN ONE LOT BY DHL.
UPON RECEIPT OF THE DOCUMENTS IN ORDER WE WILL COVER YOU AS PER YOUR INSTRUCTIONS.
L/C EXPIRATION: 15 SEP. 2008.
THIS L/C IS SUBJECT TO UNIFORM CUSTOMS AND PRACTICE FOR DOCUMENTARY CREDITS (2007 REVISION) INTERNATIONAL CHAMBER OF COMMERCE PUBLICATION NO. 600.
PLEASE ADVISE THIS L/C TO THE BENEFICIARY WITHOUT ADDING YOUR CONFIRMATION.
THIS TELEX IS THE OPERATIVE INSTRUMENT AND NO MAIL CONFIRMATION WILL BE FOLLOWED.
+++++

发票

XIAMEN TAIXIANG IMP. AND EXP. CO. LTD.

NO. 88 YILA ROAD 13/F XIANG YE BLOOK RONG HUA BUILDING, XIAMEN, CHINA

装箱单

XIAMEN TAIXIANG IMP. AND EXP. CO. LTD.

NO. 88 YILA ROAD 13/F XIANG YE BLOOK RONG HUA BUILDING, XIAMEN, CHINA

产地证

<table>
<tr><td colspan="2">1. Exporter</td><td colspan="3" rowspan="2">Certificate No.

CERTIFICATE OF ORIGIN
OF
THE PEOPLE'S REPUBLIC OF CHINA</td></tr>
<tr><td colspan="2">2. Consignee</td></tr>
<tr><td colspan="2">3. Means of transport and route</td><td colspan="3" rowspan="2">5. For certifying authority use only</td></tr>
<tr><td colspan="2">4. Country/region of destination</td></tr>
<tr><td>6. Marks and numbers</td><td>7. Number and kind of packages; description of goods</td><td>8. H. S code</td><td>9. Quantity</td><td>10. Number and date of invoices</td></tr>
<tr><td colspan="2">11. Declaration by the exporter
The undersigned hereby declares that the above details and statements are correct; that all the goods were produced in China and that they comply with the rules of origin of the People's Republic of China.

Place and date, signature and stamp of certifying authority</td><td colspan="3">12. Certification
It is hereby certified that the declaration by the exporter is correct.

Place and date, signature and stamp of certifying authority</td></tr>
</table>

B/L No.：

Shipper	**中国对外贸易运输总公司** CHINA NATIONAL FOREIGN TRADE TRANSPORTATION CORP.
Consignee or order	**直运或转船提单** **BILL OF LADING** **DIRECT OR WITH TRANSHIPMENT**

Notify		SHIPPED on board in apparent good order and condition (unless otherwise indicated) the goods or packages specified herein and to be discharged at the mentioned port of discharge or as near thereto as the vessel may safely get and be always afloat. The weight, measure, marks and numbers, quality, contents and value. Being particulars furnished by the shipper, are not checked by the currier on loading. The shipper, consignee and the holder of this bill of lading hereby expressly accept and agree to all printed, written or stamped provisions. Exceptions and conditions of this Bill of Lading, including those on the back hereof. IN WITNESS whereof the number of original Bills if Lading stated below have been signed, one of which being accomplished, the other to be void.
Pre-carriage by	Place of receipt	
Vessel	Port of loading	
Port of discharges	Final destination	

Container seal No. or marks and No. s	Number and kind of packages Description of goods	Gross weight(kgs.)	Measurement (m^3)

REGARDING TRANSHIPMENT INFORMATION PLEASE CONTACT	Freight and charges

Ex. rate	Prepaid at	Freight payable at	Place and date of issue
	Total prepaid	Number of original Bs/L	Signed for or on behalf of the Master as Agent

(SINOTRANS STANDARD FORM 4)

SUBJECT TO THE TERMS AND CONDITIONS ON BACK 95c No. 0123450

中国平安保险股份有限公司
PING AN INSURANCE COMPANY OF CHINA, LTD.

NO. 1000005959　　货 物 运 输 保 险 单

CARGO TRANPORTATION INSURANCE POLICY

被保险人：Insured

中国平安保险股份有限公司根据被保险人的要求及其所交付约定的保险费，按照本保险单背面所载条款与下列条款，承保下述货物运输保险，特立本保险单。

This Policy of Insurance witnesses that PING AN INSURANCE COMPANY OF CHINA, LTD., at the request of the Insured and in consideration of the agreed premium paid by the Insured, undertakes to insure the under mentioned goods in transportation subject to the conditions of Policy as per the clauses printed overleaf and other special clauses attached hereon.

保单号　　赔款偿付地点
Policy No.　　Claim Payable at

发票或提单号
Invoice No. or B/L No.

运输工具　　查勘代理人
per conveyance S. S.　　Survey By:

起运日期　　自
Slg. on or abt.　　From

至
To

保险金额
Amount Insured

保险货物项目、标记、数量及包装：　　承保条件
Description, Marks, Quantity & Packing of Goods:　　Conditions:

签单日期
Date:

For and on behalf of
PING AN INSURANCE COMPANY OF CHINA, LTD.
authorized signature

汇票

凭

Drawn under ....

信用证　　　　第　　　号

L/C No. ....

日期

Dated ....

按　　息　　付款

Payable with interest @ .... % per annum

号码　　　　　　　汇票金额　　　　　　　　中国,厦门　Xia Men　　　年　月　日

No: .... Exchange for　　　　　　　Xia Men, China ....

见票　　　　　　　　日后(本 汇 票 之 副 本 未 付)

At .... Sight of this FIRST of Exchange (Second of exchange being unpaid)

pay to the order of **BANK OF CHINA, XIAMEN BRANCH** 或 其 指 定 人

付金额

The sum of

To ....

....

练习 2　根据下列国外来证及有关信息制单。注意：该批商品的托运日期为 2008 年 12 月 6 日。有关资料如下：QUANTITY＝64PCS.，NW＝167.804MT，GW＝167.804MT，MEAS＝47.944M³，UNIT PRICE＝USD390.00/M³，TOTAL＝USD18，698.16，VESSEL NAME：YOUNGSTAR V. 231E，CONTAINER NO.：2×40'CPIU2254836/2263826，HS CODE：6802.2300。

BASIC HEADER　F	01	BKCHCNBJ940 BANK OF CHINA，JIANGSU BRANCH，NANJING CHINA
APPLICANTION HEADER Q 700 1043 011214		SANWJPJSXXXX SANWA BANK LTD.，OSAKA，JAPAN
USER HEADER SERVICE CODE	103：	
BANK. PRIORITY	113：	
MESG USER REF.	108：	
BBIBMEY036P40000		
INFO. FROM CI	115：	
SEQUENCE OF TOTAL	27：	1/1
FORM OF DOC. CREDIT	40 A：	IRREVOCABLE
DOC. CREDIT NUMBER	20：	41－1902141－003
DATE OF ISSUE	31 C：	081102
EXPIRY	31 D：	DATE 090115 PLACE CHINA
APPLICANT	50：	SAKAI TRADING CO. LTD. SANWA BLDG1－1 KAWARAMACH 2－CHOME CHUO－KU OSAKA 541，JAPAN
BENEFICIARY	59：	CHINA NATIONAL METALS AND MINERALS I/E CORP GUANGDONG BRANCH 774 DONG FENG EAST ROAD，GUANGZHOU，CHINA
AMOUNT	32 B：	CURRENCY USD AMOUNT 78，000.00
POS./NEG. TOL.（%）	39 A：	0/0
AVAILABLE WITH/BY	41 D：	BANK OF CHINA，GUANGDONG BRANCH BY NEGOTIATION
DRAFTS AT …	42 C：	AT SIGHT FOR FULL INVOICE VALUE
DRAWEE	42 D：	SANWA BANK LTD.，NEW YORK，USA.
PARTIAL SHIPMENTS	43 P：	ALLOWED
TRANSSHIPMENT	43 T：	ALLOWED
LATEST DATE OF SHIPMENT	：	081231
LOADING IN CHARGE	44 A：	HUANGPU GUANGZHOU，CHINA

FOR TRANSPORT TO	44 B: OSAKA/YOKOHAMA JAPAN
DESCRIPTION OF GOODS	45 A: 200M³ OF CHINA GRANITE (G485 ROUGH BLOCKS), SIZE: 0.03M³ UP RANDOM SIZE PER M³ AS PER S/C 01MAF400-5-23 FOB HUANGPU GUANGZHOU
DOCUMENTS REQUIRED	46 A: 1. FULL SET OF CLEAN ON BOARD OCEAN BILL OF LADING ISSUED TO ORDER OF SHIPPER AND BLANK ENDORSED MARKED "FREIGHT COLLECT" NOTIFY THE APPLICANT, TEL NO. 06-203-1003 AND DATED NOT LATER THAN DEC 31, 2008. 2. SIGNED COMMERCIAL INVOICE IN THREE COPIES INDICATING L/C NO AND DATE 3. PACKING LIST IN THREE COPIES 4. CERTIFICATE OF WEIGHT IN THREE COPIES 5. CERTIFICATE OF ORIGIN GSP FORM A IN ONE COPY 6. BENEFICIARY'S CERTIFICATE IN TWO COPIES STATE THAT THREE SETS OF EACH NON-NEGOTIABLE B/L HAVE BEEN AIRMAILED DIRECT TO THE BUYER IMMEDIATELY AFTER SHIPMENT
ADDITIONAL COND.	47 A: 1. T.T. REIMBURSEMENT IS UNACCEPTABLE 2. THIS CREDIT IS TRANSFERABLE 3. INSURANCE TO BE EFFECTED BY BUYERS
DETAILS OF CHARGES	71 B: ALL BANKING CHARGES OUTSIDE JAPAN ARE FOR ACCOUNT OF BENEFICIARY.
PRESENTATION PERIOD	48 : DOCUMENTS TO BE PRESENTED WITHIN 15 DAYS AFTER THE DATE OF B/L OR OTHER SHIPPING DOCUMENTS BUT WITHIN THE CREDIT EXPIRY.

CONFIRMATION	49 :	WITHOUT
INSTRUCTIONS	78 :	NEGOTIATING BANK MUST SEND DOCUMENTS TO US IN TWO CONSECUTIVE AIRMAILS AND DRAFTS TO DRAWEE BANK. THIS CREDIT IS OPERATIVE AND SUBJECT UNIFORM CUSTOMS PUBLICATION 2007 REVISION NO. 600.

发票

CHINA NATIONAL METALS AND MINERALS I/E CORP GUANGDONG BRANCH

774 DONG FENG EAST ROAD, GUANGZHOU, CHINA

装箱单

CHINA NATIONAL METALS AND MINERALS I/E CORP GUANGDONG BRANCH

774 DONG FENG EAST ROAD, GUANGZHOU, CHINA

B/L No.:

Shipper

中 国 对 外 贸 易 运 输 总 公 司
CHINA NATIONAL FOREIGN TRADE TRANSPORTATION CORP.

Consignee or order

直运或转船提单
BILL OF LADING
DIRECT OR WITH TRANSHIPMENT

Notify

Pre-carriage by	Place of receipt
Vessel	Port of loading
Port of discharges	Final destination

SHIPPED on board in apparent good order and condition (unless otherwise indicated) the goods or packages specified herein and to be discharged at the mentioned port of discharge or as near thereto as the vessel may safely get and be always afloat.

The weight, measure, marks and numbers, quality, contents and value. Being particulars furnished by the shipper, are not checked by the currier on loading.

The shipper, consignee and the holder of this bill of lading hereby expressly accept and agree to all printed, written or stamped provisions. Exceptions and conditions of this Bill of Lading, including those on the back hereof.

IN WITNESS whereof the number of original Bills if Lading stated below have been signed, one of which being accomplished, the other to be void

Container seal No. or marks and No. s	Number and kind of packages Description of goods	Gross weight(kgs.)	Measurement(m^3)

REGARDING TRANSHIPMENT INFORMATION PLEASE CONTACT	Freight and charges

Ex. rate	Prepaid at	Freight payable at	Place and date of issue
	Total prepaid	Number of original Bs/L	Signed for or on behalf of the Master as Agent

(SINOTRANS STANDARD FORM 4)

SUBJECT TO THE TERMS AND CONDITIONS ON BACK 95c No. 0123450

产地证

1. Goods consigned from (Exporter's name, Address, Country)	Reference No. **GENERALIZED SYSTEM OF PREFERENCES CERTIFICATE ORIGIN** (combined declaration and certificate) **FORM A** Issued in **THE PEOPLE'S REPUBLIC OF CHINA** (COUNTRY) see notes. overleaf
2. Goods consigned to (Consignee's name, Address, Country)	
3. Means of transport and route (as far as known)	4. For official use

5. Item number	6. Marks and numbers	7. Number and kind of packages; description of goods	8. Origin criterion (see notes overleaf)	9. Gross weight or other Quantity	10. Number and date of invoices

11. Certification	12. Declaration by the exporter
It is hereby certified, on the basis of control out, that the declaration by the exporter is correct. .... Place and date, signature and stamp of certifying authority	The undersigned hereby declares that the above details and statements are correct; that all the goods were produced in CHINA and that they comply with the origin requirements specified for those goods in the generalized system of preferences for goods exported to .... (importing country) .... Place and date, signature and stamp of certifying authority

汇票

凭

Drawn under ....

信用证　　　　第　　　　号

L/C No. ....

日期

Dated ....

按　　息　　付款

Payable with interest @ .... % per annum

号码　　　　　　　　汇票金额　　　　　　　　中 国，广 州　　年　　月　　日

No: .... Exchange for   Guangzhou, China ....

见票　　　　　　　　　　　日后(本 汇 票 之 副 本 未 付)

At .... Sight of this FIRST of Exchange (Second of exchange being unpaid)

pay to the order of **BANK OF CHINA, GUANGZHOU BRANCH** 或 其 指 定 人

付金额

The sum of

To ....

....

受益人证明

CHINA NATIONAL METALS AND MINERALS I/E CORP GUANGDONG BRANCH

774 DONG FENG EAST ROAD, GUANGZHOU, CHINA

练习 3 根据下列合同及有关资料，缮制单据。注意：该批货物于 2008 年 12 月 12 日被装上 LANJING V. 0123 号轮，上海至南非的远洋航程大约 2 个月，货物所使用的纸箱尺寸为 35cm×40cm×60cm，每个重2KGS，商品编码为 0811. 1000。

CONTRACT OF STRAWBERRIES

DATE：NOV. 1，2008　　　　NO：20081201 YL

A. PARTIES CONCERNED IN THIS CONTRACT

THE SELLER：ZHANGJIAGANG HUIYUAN FOODS CO. LTD.

102－1 GREEN GARDEN ZHANGJIAGANG CHINA

THE BUYER：FRUIT INTERNATIONAL PRODUCE LTD.

2102 BRIGHT STREET，LEDBURY HRT 1J，SOUTH AFRICA.

THE SELLER CAN USE AN EXPORT AGENT FOR EXPORTING THE GOODS UNDER THIS CONTRACT

THIS CONTRACT IS MADE BY AND BETWEEN THE SELLER AND THE BUYER，WHERE THE BUYER AGREE TO BUY AND THE SELLER AGREE TO SELL THE STRAWBERRIES SUBJECT TO THE TERMS AND CONDITIONS STIPULATED AS BELOW：

B. GOODS UNDER THIS CONTRACT

IQF (INDIVIDUALLY QUICK FROZEN) CHINESE STRAWBERRIES

C. DESCRIPTION OF GOODS

ALL STRAWBERRIES ARE OF CHINESE ORIGIN，VARIETIES ARE AMERICAN 6，THE STRAWBERRIES TO BE RED INSIDE AND OUTSIDE，PACKED IN 8×2KGS PER CARTON WITH FOOD GRADE POLY-LINERS INSIDE，STRAWBERRIES ARE CLEANLY WASHED，CAREFULLY SORTED，WITHOUT MOLDED STRAWBERRIES，WITHOUT ROTTEN STRAWBERRIES，WITHOUT OVERRIPE STRAWBERRIES

D. PRICE OF THE STRAWBERRIES：

AT USD720/MT CFR CAPETOWN SOUTH AFRICA

E. QUANTITIES OF THE GOODS：

100MT

F. AMOUNTS OF THIS CONTRACT：

THE TOTAL AMOUNTS IS USD72，000. 00 ONLY (SAY US DOLLARS SEVENTY TWO THOUSAND ONLY) . 10% MORE OR LESS IN AMOUNTS IS ALLOWED.

G. SHIPMENT：

IN NOV. ～DEC. SHIPMENT

H. STANDARD ANALYTICAL DATA OF STRAWBERRY：

COLOR：FINE REGULAR RED STRAWBERRIES COLOR

TASTE：TYPICAL OF THE STRAWBERRIES，WITHOUT ANY OFF-TASTE.

UNRIPE FRUITS：MAX 2% BY WEIGHT

BROKEN-DAMAGED SQUASHED AND MISSHAPEN FRUITS：MAX 5% BY

WEIGHT

CLUMPS MORE THAN 2 FRUITS TOGETHER ARE NOT ALLOWED.

CLUMPS LESS THAN 3 FRUITS: UNDER 3% BY WEIGHT

CALYX MAXIMUM 2 PER 10 KILO-CARTONS.

LEAVES: MAXIMUM 2 PER 10 KILOS.

ICE CRYSTALS ARE NOT ALLOWED AT THE OUTSIDE OF THE IQF STRAWBERRIES.

I. PAYMENT TERMS:

D/P AT SIGHT

THE BUYER:	THE SELLER:
FRUIT INTERNATIONAL PRODUCE LTD. SOUTH AFRICA	ZHANGJIAGANG HUIYUAN FOODS CO. LTD.
AUTHORIZED SIGNATURE	AUTHORIZED SIGNATURE
MR. ALFO MORELLI	MISS 王小三

发票

ZHANGJIAGANG HUIYUAN FOODS CO. LTD.

102-1 GREEN GARDEN ZHANGJIAGANG, JIANGSU, CHINA

装箱单

ZHANGJIAGANG HUIYUAN FOODS CO. LTD.

102－1 GREEN GARDEN ZHANGJIAGANG, JIANGSU, CHINA

产地证

<table>
<tr><td colspan="3">1. Exporter</td><td colspan="2" rowspan="2">Certificate No.

CERTIFICATE OF ORIGIN
OF
THE PEOPLE'S REPUBLIC OF CHINA</td></tr>
<tr><td colspan="3">2. Consignee</td></tr>
<tr><td colspan="3">3. Means of transport and route</td><td colspan="2" rowspan="2">5. For certifying authority use only</td></tr>
<tr><td colspan="3">4. Country/region of destination</td></tr>
<tr><td>6. Marks and numbers</td><td>7. Number and kind of packages; description of goods</td><td>8. H. S code</td><td>9. Quantity</td><td>10. Number and date of invoices</td></tr>
<tr><td colspan="3">11. Declaration by the exporter
The undersigned hereby declares that the above details and statements are correct; that all the goods were produced in china and that they comply with the rules of origin of the people's republic of china.

Place and date, signature and stamp of certifying authority</td><td colspan="2">12. Certification
It is hereby certified that the declaration by the exporter is correct.

Place and date, signature and stamp of certifying authority</td></tr>
</table>

B/L No. :

Shipper

中 国 对 外 贸 易 运 输 总 公 司

CHINA NATIONAL FOREIGN TRADE TRANSPORTATION CORP.

Consignee or order

直运或转船提单

BILL OF LADING

DIRECT OR WITH TRANSHIPMENT

Notify

Pre-carriage by	Place of receipt
Vessel	Port of loading
Port of discharges	Final destination

SHIPPED on board in apparent good order and condition (unless otherwise indicated) the goods or packages specified herein and to be discharged at the mentioned port of discharge or as near thereto as the vessel may safely get and be always afloat.

The weight, measure, marks and numbers, quality, contents and value. Being particulars furnished by the shipper, are not checked by the curriier on loading.

The shipper, consignee and the holder of this bill of lading hereby expressly accept and agree to all printed, written or stamped provisions. Exceptions and conditions of this Bill of Lading, including those on the back hereof.

IN WITNESS whereof the number of original Bills if Lading stated below have been signed, one of which being accomplished, the other to be void

Container seal No. or marks and No. s	Number and kind of packages Description of goods	Gross weight(kgs.)	Measurement(m^3)

REGARDING TRANSHIPMENT INFORMATION PLEASE CONTACT	Freight and charges

Ex. rate	Prepaid at	Freight payable at	Place and date of issue
	Total prepaid	Number of original Bs/L	Signed for or on behalf of the Master as Agent

(SINOTRANS STANDARD FORM 4)

SUBJECT TO THE TERMS AND CONDITIONS ON BACK 95c No. 0123450

装运通知

ZHANGJIAGANG HUIYUAN FOODS CO. LTD.

102 - 1 GREEN GARDEN ZHANGJIAGANG, JIANGSU, CHINA

汇票

凭

Drawn under ....

信用证　　　　第　　　　号

L/C No ....

日期

Dated ....

按　　息　　付款

Payable with interest @.......................% per annum

号码　　　　　　　　　汇票金额　　　　　　　　中　国,南 京　　年　　月　　日

No: .... Exchange for　　　　　　Nan Jing, China ....

见票　　　　　　　　　　　日后(本 汇 票 之 副 本 未 付)

At .... Sight of this FIRST of Exchange (Second of exchange being unpaid)

pay to the order of **BANK OF CHINA, NANJING BRANCH** 或 其 指 定 人

付金额

The sum of

To ....

....

练习 4　根据下列有关资料制单。

注意：该批货物共计 500 个纸箱，每箱毛重 10.00KGS，净重 7.56KGS，纸箱尺码为 34.2cm×52cm×65.5cm，合计 58.25m³，集装箱尺寸及号码为 1×40'TRIU5200071，货物装于 JUPITER V.29E45 号船，预定起航日为 2008 年 11 月 18 日。买方采用 T/T 方式支付货款。商品编码为 4202.2200。

GAP PURCHASE ORDER

PO#(订单号码)：880177　　　　DATE 日期：11－1－2008

ORDER & SHIP TO：GAP TRADING CORP.　　　　FACTORY：国贸商英

SHIP DATE 出货日	CANCEL DATE 取消日	TERM 条款	INSPECTION
11－15－2008	11－19－2008	FOB Shanghai	

ITEM NO. 货号	DESCRIPTION 形样	COLOR 颜色	QTY 数量	UNIT PRICE 单价
TC0010	Wheel backpack			
	600D poly－ramic PVC backing.	BLACK	3,000PCS	US$4.25/PC
	SIZE:13×17×6"			
		TOTAL 总计：	3,000PCS	US$12,750.00

SPECIAL INSTRUCTION PRODUCT INFORMATION 产品资料

1. 袋内带有一白底黑字印刷标(单面即可)，内容如下：SIZE：5W×2.3HCM。
2. 袋子面料绝不能有味道。
3. 拉杆为外杆，外侧有片 210 Dnylon 包泡绵覆盖住，另此片外侧还有一片活动式 210 Dnylon 包泡棉(魔术贴)可与底部连接。
4. 背带、背带外侧 foam padd、活动式 foam padd 三处内包的泡绵厚度皆同原样。
5. 主开口和前片口袋皆为#6 双拉片；袋上所有拉片皆有双色拉绳(black/white)。

为方便我司加速海关清关，在大货装船的 6 天内，贵司必须将以下文件快邮寄至我总公司：

1. 商业发票(一正三副)	commercial invoice(one original ＋ three copy)
2. 装货单(一正三副)	packing list(one original ＋ three copy)
3. 产地证明(一正)	certificate of origin(one original)
4. 提单(三正二副)	bill of lading(three original ＋ two copy)

以上出货文件皆需准时，若未在要求的时间内准时提供以上我司文件将导致罚款，明细请参考文件迟交罚款表(late documents penalty)。

在您寄出以上出货文件之前，烦请确认文件内容皆正确无误以免耽误清关程序！

出货通知(shipping advise)：此件为特殊文件，贵司须在实际出货后 5 天内提供！所有客户 OE 单都需此份文件！此件需包含以下资料：

1. 日期　　2. 订单号码　　3. 货号　　4. 颜色　　5. 数量
6。预定起航日期　　7. 预定到达日期　　8. 船运公司　　9. 船名/航次

G A P Trading (Taiwan) Corp.

美商金苹果贸易股份有限公司

台北市中山路四段 234 号 12 楼之三

12th Floor Suite 3 No. 234 Zhongshan Road Section 4 Taipei, Taiwan, China

Tel:(886) 2688－2872 Fax:(886) 2689－4641 Email:guanghzh7074@sina.com

USA OFFICE:28394 TEMPLE AVE CITY OF INDUSTRY CA. 91765

TEL:(626) 871－6966 FAX:(626) 861－0889

TO:国贸商英有限公司	DATE:OCT 30	ATTN:王小三
FAX NO:680 545 2697		FROM:Viola Kuo

您好:

1. 我司外箱唛头资料如下:

SHIPPING MARK 正唛	CARTON MARKING 副唛
TRAVELER'S CHOICE ITEM NO COLOR MADE IN CHINA SHIPPING CASE #	PO NO.: ITEM NO.: COLOR: SHIPPING CASE QTY: G. W.: KGS N. W.: KGS MEAS: _____CM×_____CM×_____CM

2. 订单号码(PO NO.):880177
3. 口袋款式货号(ITEM NO.)TC0010(贵司货号为 2001)
4. 品名(DESCRIPTION):WHEEL BACKPACK
5. PORT OF DESTINATION:LOS ANGELES, PORT OF DISCHARGE:LONG BEACH

CONSIGNEE	TRAVELER'S CHOICE INC. 28394 TEMPLE AVE CITY OF INDUSTRY CA. 91765 USA ATTN:ALICE YOUNG TEL:626 871－6966 FAX:626 861－0889
NOTIFY PARTY	SAME AS CONSIGNEE
ALSO NOTIFY PARTY	INTER－ORIENT SERVICE 11099 S. LA CIENEGA BLUD #270 LOS ANGELES, CA90045 TEL:V310 641 9495 FAX:310 337 1032 ATTN:PRICILLA

发票

国贸商英有限公司

INTERNATIONAL TRADE & BUSESS ENGLISH

14 TIANTANG VILLEGE, JUNNONG ROAD,NANJING,CHINA

箱单

国贸商英有限公司

INTERNATIONAL TRADE & BUSESS ENGLISH

14 TIANTANG VILLEGE, JUNNONG ROAD, NANJING, CHINA

B/L No.

Shipper	
Consignee or order	
Notify	
Pre-carriage by	Place of receipt
Vessel	Port of loading
Port of discharges	Final destination

中国对外贸易运输总公司

CHINA NATIONAL FOREIGN TRADE TRANSPORTATION CORP.

直运或转船提单
BILL OF LADING
DIRECT OR WITH TRANSHIPMENT

SHIPPED on board in apparent good order and condition (unless otherwise indicated) the goods or packages specified herein and to be discharged at the mentioned port of discharge or as near thereto as the vessel may safely get and be always afloat.

The weight, measure, marks and numbers, quality, contents and value. Being particulars furnished by the shipper, are not checked by the currier on loading.

The shipper, consignee and the holder of this bill of lading hereby expressly accept and agree to all printed, written or stamped provisions. Exceptions and conditions of this Bill of Lading, including those on the back hereof.

IN WITNESS whereof the number of original Bills if Lading stated below have been signed, one of which being accomplished, the other to be void

Container seal No. or marks and No. s	Number and kind of packages Description of goods	Gross weight(kgs.)	Measurement(m^3)

REGARDING TRANSHIPMENT INFORMATION PLEASE CONTACT	Freight and charges

Ex. rate	Prepaid at	Freight payable at	Place and date of issue
	Total prepaid	Number of original Bs/L	Signed for or on behalf of the Master as Agent

(SINOTRANS STANDARD FORM 4)

SUBJECT TO THE TERMS AND CONDITIONS ON BACK 95c No. 0123450

产地证

1. Exporter

Certificate No.

CERTIFICATE OF ORIGIN
OF
THE PEOPLE'S REPUBLIC OF CHINA

2. Consignee

3. Means of transport and route

5. For certifying authority use only

4. Country/region of destination

6. Marks and numbers	7. Number and kind of packages; description of goods	8. H. S code	9. Quantity	10. Number and date of invoices

11. Declaration by the exporter

The undersigned hereby declares that the above details and statements are correct; that all the goods were produced in china and that they comply with the rules of origin of the people's republic of china.

Place and date, signature and stamp of certifying authority

12. Certification

It is hereby certified that the declaration by the exporter is correct.

Place and date, signature and stamp of certifying authority

出货通知

国贸商英有限公司

INTERNATIONAL TRADE & BUSINESS ENGLISH

14 TIANTANG VILLEGE, JUNNONG ROAD ,NANJING,CHINA

练习 5　根据下列来证及有关信息制单。

（1）托运单号码为 02W－13，托运日期为 13 APR，08；船名：LANJING V. 0213。

（2）该批商品有关数据如下：MEAS＝7.2M^3，UNIT PRICE＝USD24.00；

ART NO. 425：8CRATES，NW＝8.480MT，GW＝8.800MT；

ART NO. 424－2：8CRATES，NW＝8.480MT，GW＝8.800MT；

（3）运输路线：FROM SHANGHAI TO TORONTO CANADA VIA HONGKONG.

PLEASE PASS FOLLOWING MESSAGES UNABLE TO CONTACT THANKS
FROM STANDARD CHARTERED BANK, LONDON
TO BANK OF CHINA JIANGSU
AT THE START OF ANY TELEXED REPLAY PLEASE QUOTE'QQQ'CR
DATE: 22 FEB. 08
700 ISSUED OF L/C
15: TEST 1050
27: MESSAGE SEQUENCE 1/1
40A: FORM OF L/C: IRREVOCABLE
20: L/C NO.: 001/02/14020X
31C: ISSUE DATE 08.02.22
31D: EXPIRY DATE/PLACE: 080430 IN COUNTRY OF BENEFICIARY
50: APPLICANT: ALEXANDER FRASER AND SON LTD.
FRANKLAND MOORE HOUSE, 185/187 HIGH ROAD,
CHADWELL HEATH, ROMFORD, ESSEX. RM6 2NR.
59: BENEFICIARY: CHINA NATIONAL METALS AND MINERALS EXP & IMP CORP., JIANGSU BRANCH. 201 ZHUJIANG ROAD, NAN JING, JIANGSU, CHINA
32B: L/C AMOUNT: USD15,002.88
39: AMOUNT SPECIFICATION: CIF TORONTO
41D: AVAILABLE WITH/BY: FREELY AVAILABLE BY NEGOTIATION
42: DRAFTS AT: SIGHT
DRAWN ON: OURSELVES
43P: PARTIAL SHIPMENT: NOT ALLOWED
43T: TRANSSHIPMENT: ALLOWED
44: TRANSPORT DETAILS: FROM CHINESE PORT WHEN NOT LATER THAN 15TH APRIL 2008 TO TORONTO, CANADA
45A: DESCRIPTION OF GOODS: AS PER APPLICANT ORDER NO. PET/CAN/5
POLISHED MARBLE TILES, 30.5CM×30.5CM×1CM. PLUS OR MINUS 0.5 MM.
ART NO. 425: 312.56 SQM.
ART NO. 424－2: 312.56 SQM
TOTAL: 625.12 SQM AS PER S/C 87MAF4002－43 AND 87MAF4002－44
THE BUYER'S TELEX NO. 422.
46A: DOCUMENTS REQUIRED.

—COMMERCIAL INVOICES IN SIX COPIES QUOTING ORDER NO. MADE OUT IN NAME OF CONSIGNEE SHOWING THE CIF VALUE OF THE GOODS.
—PACKING LIST IN SIX COPIES
—CERTIFICATE OF ORIGIN FORM A IN SIX COPIES.
—ALL RISKS AND WAR RISKS INSURANCE POLICIES OR CERTIFICATE IN DUPLICATE ENDORSED IN BLANK FOR NOT LESS THAN THE FULL CIF VALUE PLUS 10 PERCENT OF THE SHIPMENT IN THE CURRENCY OF THE CREDIT. TRANSSHIPMENT RISKS TO BE COVERED IF TRANSSHIPMENT EFFECTED.
—COMPLETE SET OF NOT LESS THAN 3 ORIGINAL CLEAN ON BOARD OCEAN BILLS OF LADING MARKED "FREIGHT PAID". NOTIFY PETRICO INTERNATIONAL TRADING CORP. , 1110 SHEPPARD AVENUE EAST SUITE 406 WILLOWDALE ONTARIO, CANADA, M2K2W2.
—BENEFICIARY'S CERTIFICATE IN REQUIRED EVIDENCING THAT ONE COMPLETE SET OF NON - NEGOTIABLE SHIPPING DOCUMENTS HAVE BEEN SENT BY AIRMAIL TO BOTH THE CONSIGNEE AND ALEXANDER FRASER AND SON LTD, NOT LATER THAN DATE OF PRESENTATION OF NEGOTIABLE DOCUMENTS.
—BENEFICIARY'S SIGNED STATEMENT THAT MERCHANDISE PACKED IN WOODEN CRATES WITH PLASTIC FOAM BOX.
47A: CONDITIONS: BILL OF LADING TO EVIDENCE GOODS SHIPPED IN A 20 FEET CONTAINER.
CONSIGNEE - PETRICO INTERNATIONAL TRADING CORPORATION
1110 SHEPPARD AVENUE EAST SUITE 406 WILLOWDALE ONTARIO, CANADA M2K2W2.
71B: CHARGES: ALL BANK CHARGES ARISING OUTSIDE THE UNITED KINGDOM ARE FOR THE BENEFICIARY'S ACCOUNT.
48: PRESENTATION PERIOD: DOCUMENTS TO BE PRESENTED WITHIN 10 DAYS AFTER THE DATE OF ISSUANCE OF THE SHIPPING DOCUMENT(S) BUT WITHIN THE VALIDITY OF THE CREDIT.
49: CONFIRMATION INSTRUCTIONS: WITHOUT.
78: INSTRUCTIONS: IN REIMBURSEMENT WE SHALL COVER YOU UPON RECEIPT OF DOCUMENTS IN ORDER. NEGOTIATING BANK IS TO DISPATCH ALL DOCUMENTS TO US BY REGISTERED AIRMAIL IN ONE COVER.
THIS CREDIT IS SUBJECT TO UNIFORM CUSTOMS AND PRACTICE FOR DOCUMENTARY CREDITS (2007 REVISION) INTERNATIONAL CHAMBER OF COMMERCE PUBLICATION 600.
THIS TELECOMMUNICATION REPRESENTS THE OPERATIVE INSTRUMENT AND NO MAIL CONFIRMATION WILL BE ISSUED.
72: BANK TO BANK INFO: FOR BANK OF CHINA JIANGSU PEOPLES REPUBLIC OF CHINA.

发票

CHINA NATIONAL METALS AND MINERALS EXP & IMP CORP., JIANGSU BRANCH.

201 ZHUJIANG ROAD, NANJING, JIANGSU, CHINA

装箱单

CHINA NATIONAL METALS AND MINERALS EXP & IMP CORP.,JIANGSU BRANCH.

201 ZHUJIANG ROAD, NANJING, JIANGSU, CHINA

产地证

<table>
<tr><td colspan="3">1. Goods consigned from (Exporter's name, address, country)</td><td colspan="3" rowspan="2">Reference No.

GENERALIZED SYSTEM OF PREFERENCES
CERTIFICATE ORIGIN
(combined declaration and certificate)
FORM A
Issued in <u>THE PEOPLE'S REPUBLIC OF CHINA</u>
(COUNTRY)

see notes. overleaf</td></tr>
<tr><td colspan="3">2. Goods consigned to (Consignee's name, address, country)</td></tr>
<tr><td colspan="2">3. Means of transport and route (as far as known)</td><td colspan="4">4. For official use</td></tr>
<tr><td>5. Item number</td><td>6. Marks and numbers</td><td>7. Number and kind of packages; description of goods</td><td>8. Origin criterion (see notes overleaf)</td><td>9. Gross weight or other Quantity</td><td>10. Number and date of invoices</td></tr>
<tr><td colspan="3">11. Certification
It is hereby certified, on the basis of control out, that the declaration by the exporter is correct.

Place and date, signature and stamp of certifying authority</td><td colspan="3">12. Declaration by the exporter
The undersigned hereby declares that the above details and statements are correct; that all the goods were produced in ....CHINA........ and that they comply with the origin requirements specified for those goods in the generalized system of preferences for goods exported to
----
(importing country)

Place and date, signature and stamp of certifying authority</td></tr>
</table>

Shipper （发货人）

中国远洋运输集团公司

COSCO

Consignee （收货人）

BILL OF LADING

Notify Party （通知人）

Pre-carriage by（前程运输）	Place of Receipt（收货地点）
Ocean Vessel(船名)Voy. No.（航次）	Port of Loading（装货港）
Port of Discharge(卸货港)	Place of Delivery（交货地点）

Marks & No. s（标记与号码）	No. of Containers or Pkgs.（箱数或件数）	Kind of Packages, Description of Goods（包装种类与货名）	Gross Weight 毛重(千克)	Measurement 尺码(立方米)

TOTAL NUMBER OF CONTAINERS OR PACKAGES(IN WORDS)
集装箱数或件数合计（大写）

FREIGHT &CHARGES（运费与附加费）	Revenue Tons（运费吨）	Rate（运费率）	Per(每)	Prepaid(运费预付)	Collect（运费到付）

Prepaid at(预付地点) Number of Original Bs/L	Payable at(到付地点)	Place and Date of Issue(签发地点) Signed for or on Behalf of the Master as Agent

中国太平洋财产保险股份有限公司
CHINA PACIFIC PROPERTY INSURANCE CO. , LTD.
货 物 运 输 保 险 单 保险单号(Policy No.)：
CARGO TRANSPORTATION INSURANCE POLICY

中国太平洋财产保险股份有限公司(以下称承保人)根据被保险人的要求，在被保险人向承保人缴付约定的保险费后，按照本保险单承保险别和背面所载条款与下列特款承保下述货物运输险，特立本保险单。

This Policy of Insurance witnesses that China Pacific Property Insurance Company Limited(hereinafter called "The Underwriter")at the request of the Insured named hereunder and in consideration of the agreed premium paid to the Underwriter by Insured, undertakes to insure the undermentioned goods in transportation subject to the conditions of this Policy as per the Clauses printed overleaf and other special clauses attached herein.

被保险人(Insured)：

标记 Marks & Nos.	包装与数量 Quantity	保险货物项目 Description of Goods	保险金额 Amount Insured

总保险金额：
Total Amount Insured

费率：AS ARRANGED Rate	保费：AS ARRANGED Premium	免赔额/率： Deductible/Franchise

开航日期 Slg. on or abt.	装载运输工具 Per conveyance S. S.	(保险更正章)

运输路线： Route From	自 By	经 To

承保险别：
Conditions

所保货物，如遇出险，本公司凭第一正本保险单及其他有关证件给付赔款；如发生本保险单项下负责赔偿的损失或事故，应立即通知下述代理人查勘。

Claims, if any, paybale on surrender of the first original of the policy together with other relevant documents. In the event of accident whereby loss or damage may result in a claim under this policy, immediate notice applying for survey must be given to Agent as mentioned hereunder.

中国太平洋财产保险股份有限公司
CHINA PACIFIC PROPERTY INSURANCE CO. , LTD.
授权签发 AUTHORIZED SIGNATURE
地址 Address：
电话 Tel： 传真 Fax：

赔款偿付地点
Claim Payable at

签单日期
Date：

受益人证明

CHINA NATIONAL METALS AND MINERALS EXP & IMP CORP.,JIANGSU BRANCH.

201 ZHUJIANG ROAD ,NANJING, JIANGSU, CHINA

受益人声明

CHINA NATIONAL METALS AND MINERALS EXP & IMP CORP., JIANGSU BRANCH.

201 ZHUJIANG ROAD, NANJING, JIANGSU, CHINA

装运通知

CHINA NATIONAL METALS AND MINERALS EXP & IMP CORP.,JIANGSU BRANCH.

201 ZHUJIANG ROAD,NANJING，JIANGSU，CHINA

汇票

凭　　　　　　　　　　　　　　不可撤销信用证

Drawn under .... Irrevocable L/C No. ....

日期

Dated ....支取 Payable with interest @........% .... 按........息........付款

号码　　　　　　　汇 票 金 额　　　　　　　　　南 京　　年　　月　　日

No: .... Exchange for　　　　　　　　 Nanjing ....

见票　　　　　　　　　　　　　　日 后(本 汇 票 之 副 本 未 付)

At .... Sight of this FIRST of Exchange (Second of exchange being unpaid)

pay to the order of ....或 其 指 定 人

付金额

The sum of

此致

To ....

....

练习 6　根据下列信用证缮制单据。该批商品的有关资料如下：

NO. S OF PACKAGES: 304CTNS, NW: 4, 560KGS, GW: 5, 472KGS, MEAS: 3. 04M^3, 1×20CY/CY, CONTAINER NO.: CYLU2215087, SEAL NO.:0958801, B/L NO.: CAN－598024, VESSEL: TIAN LI 3/DSR, HS CODE:6504.0000, ETD: 08.03.20, ETA: 08.04.20.

(1) 买方出具的信用证如下：

FROM CASSA DI RISPARMIO DI LUCCA SPA LUCCA, ITALY, IN; DEPT.-DOC. CRED. OFF.
DATE:MARCH 04,2008

WE HEREBY ISSUE OUR IRREVOCABLE DOCUMENTARY CREDIT NO. 9107164AS FOLLOWS:
APPLICANT: S. B. TRADING SAS DI BERTINT STEFAND E. C.
VIA TRAVERSA DI LOLO 50
50044 LOLO DI PRATO(PO)ITALY
BENEFICIARY: GUANGYUAN FOREIGN TRADE IMP. AND EXP. CORP.
351 TIANHE ROAD GUANGZHOU CHINA
FOR THE AMOUNT OF USD 36,480.00
VALID UNTILL APRIL 26, 2008 AT OUR COUNTERS.
AVAILABLE BY OUR PAYMENT AT SIGHT
AGAINST PRESENTATION OF THE FOLLOWING DOCUMENTS:

1. SIGNED COMMERCIAL INVOICE, ORIGINAL AND NINE COPIES.
2. FULL SET CLEAN ON BOARD OCEAN BILL OF LADING, MADE OUT TO OUR ORDER AND BLANK ENDORSED, EVIDENCING SHIPMENT FROM GUANGZHOU TO LA SPEZIA PORT NOT LATER THAN APRIL 25, 2008 MARKED 'FREIGHT PREPAID' AND NOTIFY THE APPLICANT.
3. COPY OF TELEX/FAX ADVICE, ADDRESSED TO APPLICANT BY BENEFICIARY WITHIN THREE DAYS AFTER SHIPMENT DATE, BEARING THE FOLLOWING DETAILS:DATE OF SHIPMENT, NUMBER OF B/L, NAME OF SHIPPING COMPANY, AND VESSEL, QUANTITY WEIGHT AND DESCRIPTION OF SHIPPED GOODS, SHIPPING MARKS AND NUMBERS, NUMBER OF CONTAINER, PORT OF LOADING AND E. T. D., PORT OF DESTINATION AND E. T. A.
4. CERTIFICATE OF ORIGIN G. S. P. 'FORM A', ORIGINAL AND ONE COPY EVIDENCING CHINA IS ORIGIN OF GOODS. IT MUST BE MARKED 'ISSUED RETROSPECTIVELY' IF ISSUED AFTER SHIPMENT DATE.
5. SIGNED PACKING LIST, ORIGINAL AND NINE COPIES.

6. COPY OF EXPORT LICENCE
7. BENEFICIARY'S DECLARATION STATING THAT THE ORIGINAL OF EXPORT LICENCE HAS BEEN SENT TO APPLICANT BY EXPRESS COURIER.

COVERING:
7 PANEL CAP IN COTTON TWILL
108×58 WITH 4 METAL EYELRTS AND PLASTIC CLOSURE AT BACK

N. BLUE	2,800 DOZ.
RED	1,100 DOZ.
WHITE	1,200 DOZ.
R. BLUR	500 DOZ.
YELLOW	500 DOZ.
GREEN	1,500 DOZ.

———————————————————————

7,600 DOZ. AT USD 4.80/DOZ.

AS PER PROFORMA INVOICE NO. 03GD04－017 DTD FEBRUARY 25, 2008
GOODS RENDERED : CFR LA SPEZIA
PARTIAL SHIPMENTS : NOT ALLOWED
TRANSSHIPMENT: ALLOWED
SPECIAL CONDITIONS:
— 5 PERCENT MORE OR LESS IN QUANTITY AND AMOUNT IS ACCEPTABLE
— DOCUMENTS MUST BE PRESENTED WITHIN 21 DAYS AFTER SHIPMENT DATE BUT WITHIN THE VALIDITY OF THIS DOC. CREDIT.

INSTRUCTIONS TO THE ADVISING BANK:
A. ALL BANK CHARGES OUTSIDE ITALY ARE FOR BENEFICIARY'S ACCOUNT.
B. DOCUMENTS MUST BE REMITTED TO US IN TWO CONSECUTIVE REGISTERED AIRMAILS FIRST OF WHICH BY D. H. L. OR OTHER INTERNATIONAL COURIER.
C. UPON RECEIPT OF DOCUMENTS, PROVIDES ALL CREDIT TERMS HAVE BEEN COMPLIED WITH, WE'LL COVER REMITTING BANK IN COMPLICANCE WITH THEIR INSTRUCTIONS.
D. PLEASE NOTIFY THIS CREDIT TO BENEFICIARY WITHOUT ADDING YOUR CONFIRMATION THROUGH: BANK OF CHINA GUANGDONG BRANCH
NO. 197 DONE FENG XI LU, GUANGZHOU CHINA
E. THIS CREDIT IS SUBJECT TO U. C. P. FOR DOCUMENTARY CREDITS, PUBLICATION NO. 600 I. C. C. 2007 REVISION AND THIS MESSAGE IS THE OPERATIVE INSTRUMENTS.
F. PLEASE ALWAYS QUOTE OUR A. M. REFERENCE NO. 9107164 IN ALL YOUR

CORRESPONDENCE TO OURSELVES BESE REGARDS,
CASSA DI RISPARMIO DI LUCCA SPA
LUCCA, ITALY, IN; DEPT. -DOC. CRED. OFF.
SWFIT LUKAIT 3L. -TELEX 501265 CRLUCR 1
N N N N
501265 CRLUCR 1
(WRU)
210246B BOCCB CN
ZCZC PGGU371 KOH3292 CIB413 0303110945

(2) 受益人对信用证进行审核后,提出了修改意见,后开证行经买方申请,又发来信用证修改书一份如下:

BJBJOC CIBO413 0303110945
MAR 11 2008
TO BOC GUANGDONG
FM BOC BEIJING BR
WE PASS THE FOLLOWING MESSAGE TO YOU
QUOTE
03/10 21:55 (WRU)
2102468 BOCCB CN
201265 CRLUCR 1
Z. C. Z. C. C. R. LUCCA SPA
COMUTERIZED TRANSMISION IN PROGRESS - PLEASE DON'T DIGIT
REF: ISN 0310 / 1291 (S11113)
TEST
NO AMOUNT DTD 03/10
BETWEEN C. R. LUCCA H. O. AND YOURSELVES
MESS. AUTOR, DA: S111A
FM CASSA DI RISPARMIO DI LUCCA SPA. LUCCA, ITALY INTL DEPT
TO BANK OF CHINA, BEIJING
————————————
TEST: WITH YOURSELVES
LUCCA, MARCH 10, 2008
ATTENTION: EXPORT DOCUMENTARY CREDITS.
REF. OUR IRREVOCABLE DOCUMENTARY CREDIT NO. 9107164
ISSUED ON MARCH 04, 2008 FOR USD 36,480.00
BY ORDER: S. B. TRADING SAS DI BERTINT STEFAND E. C.
VIA TRAVERSA DI LOLO 50
50044 LOLO DI PRATO (PO) ITALY

IN FAVOUR：GUANGYUAN FOREIGN TRADE IMP. AND EXP. CORP.
351 TIAN HE ROAD
GUANGZHOU CHINA

PLEASE ADVICE BENEFICIARY WE AMEND ABOVE MENTIONED DOC. CREDIT AS FOLLOWS：

DOCUMENTS AT POINT ‘B’ AND ‘7’ ARE NO-LONGER REQUIRED

广元外贸进出口公司

GUANG YUAN FOREIGN TRADE IMP & EXP CORP.

广州市天河路 351 号

351 TIANHE ROAD GUANGZHOU CHINA

广元外贸进出口公司
GUANG YUAN FOREIGN TRADE IMP & EXP CORP.
广州市天河路 351 号
351 TIANHE ROAD, GUANGZHOU, CHINA

广元外贸进出口公司

GUANG YUAN FOREIGN TRADE IMP & EXP CORP.

广州市天河路 351 号

351 TIANHE ROAD, GUANGZHOU, CHINA

广元外贸进出口公司

GUANG YUAN FOREIGN TRADE IMP & EXP CORP.

广州市天河路 351 号

351 TIANHE ROAD, GUANGZHOU, CHINA

产地证

<table>
<tr>
<td colspan="3">1. Goods consigned from (Exporter's name, address, country)</td>
<td colspan="3" rowspan="2">Reference No.

GENERALIZED SYSTEM OF PREFERENCES
CERTIFICATE ORIGIN
(combined declaration and certificate)
FORM A
Issued in <u>THE PEOPLE'S REPUBLIC OF CHINA</u>
(COUNTRY)

see notes. overleaf</td>
</tr>
<tr>
<td colspan="3">2. Goods consigned to (Consignee's name, address, country)</td>
</tr>
<tr>
<td colspan="3">3. Means of transport and route(as far as known)</td>
<td colspan="3">4. For official use</td>
</tr>
<tr>
<td>5. Item number</td>
<td>6. Marks and numbers</td>
<td>7. Number and kind of packages; description of goods</td>
<td>8. Origin criterion (see notes overleaf)</td>
<td>9. Gross weight or other Quantity</td>
<td>10. Number and date of invoices</td>
</tr>
<tr>
<td colspan="3">11. Certification
It is hereby certified, on the basis of control out, that the declaration by the exporter is correct.

....
Place and date, signature and stamp of certifying authority</td>
<td colspan="3">12. Declaration by the exporter
The undersigned hereby declares that the above details and statements are correct; that all the goods were produced in ......CHINA...... and that they comply with the origin requirements specified for those goods in the generalized system of preferences for goods exported to
....
(importing country)

....
Place and date, signature and stamp of certifying authority</td>
</tr>
</table>

Shipper （发货人）

中国远洋运输集团公司

COSCO

Consignee （收货人）

BILL OF LADING

Notify Party （通知人）

Pre-carriage by (前程运输)	Place of Receipt (收货地点)
Ocean Vessel(船名)Voy. No. (航次)	Port of Loading (装货港)
Port of Discharge(卸货港)	Place of Delivery (交货地点)

Marks & No. s (标记与号码)	No. of Containers Or Pkgs. (箱数或件数)	Kind of Packages, Description of Goods (包装种类与货名)	Gross Weight 毛重(千克)	Measurement 尺码(立方米)

TOTAL NUMBER OF CONTAINERS
OR PACKAGES(IN WORDS)
集装箱数或件数合计（大写）

Freight &Charges (运费与附加费)	Revenue Tons (运费吨)	Rate(运费率)	Per(每)	Prepaid(运费预付)	Collect (运费到付)

Prepaid At(预付地点) Number of original Bs/L	Payable At(到付地点)	Place and date of Issue(签发地点) Signed for or on behalf of the Master as Agent

汇票

凭　　　　　　　　　　　　　　　　不可撤销信用证

Drawn under .... Irrevocable L/C No. ....

日期

Dated ....支取 Payable with interest @........% ....按........息........付款

号码　　　　　　汇 票 金 额　　　　　　　　　　广 州　　年　　月　　日

No. : .... Exchange for　　　　　　Guang Zhou ....

见票　　　　　　　　　　　　　　日 后(本 汇 票 之 副 本 未 付)

At .... Sight of this FIRST of Exchange (Second of exchange being unpaid)

pay to the order of ....或 其 指 定 人

付金额

The sum of

此致

To ....

....

练习 7　根据下列信用证及相关资料制作全套单据。

(1) 货物的 HS 编码为 6210500011，保险公司核定的综合保险费率为 3‰，船公司核定的运费为 USD885.00，货物由 MOL. SUNRISE 9405E 号轮装运出海，集装箱装箱情况为：1×20′STANDSRD CONTAINER NO. MOAU7712016，SEAL NO. 332865，所有货物用纸箱包装，具体包装数据如下：

LADIES JACKET，STYLE NO. 2157
(OUTER：100%PU，BACKING：100%VISCOSA，LINING：100%POLYESTER)
80CTNS，GW.：12.4KGS/CTN，NW.：9.84KGS/CTN，MEAS.：0.66696CBM/CTN

LADIES JACKET，STYLE NO. 2173
(OUTER：100%PU，BACKING：35%COTTON 65%POLYESTER，LINING：100% POLYESTER)
80CTNS，GW.：13.9KGS/CTN，NW.：10.8KGS/CTN，MEAS.：0.66696CBM/CTN

LADIES JACKET，STYLE NO. 2176
(OUTER：100%PU，BACKING：100%VISCOSA，LINING：100%POLYESTER)
64CTNS，GW.：8.7KGS/CTN，NW.：6KGS/CTN，MEAS.：0.66696CBM/CTN

(2) 买方订单 ORDER NO. 23902 的有关情况如下：

STYLE	FABRIC/COLOUR	S	M	L	XL	QTY
2157	PU DISTRESSED MAC/BLACK	160PCS	320PCS	320PCS	160PCS	960PCS
2173	XT-204 PU/BLACK	63PCS	125PCS	125PCS	62PCS	375PCS
	XT-204 PU/GREY	63PCS	125PCS	125PCS	62PCS	375PCS
2176	PU DISTRESSED MAC/WHITE	160PCS	320PCS	320PCS	160PCS	960PCS

(3) 信用证如下所示：

Al Rajhi Bank مصرف الراجحي

Irrevocable Documentary Letter of Credit RIYADH, 18 SEP 2010 Page.1

APPLICANT ***ADVISING BANK***

FARMEY LAM BAMAKHASH TRDG. EST.
P.O.BOX 28689, JEDDAH-21486,
TEL.6485508, FAX.6485586
JEDDAH, K.S.A

BANK OF CHINA,
HEAD OFFICE 410, FUCHENGMEN NEI
DAJIE TLX 22251
BEIJING, CHINA

BENEFICIARY ***AVAILABLE WITH***

NANJING PRSPER IMP AND EXP CO.,LTD.
NO 1150, LUHONG (W) ROAD,
NANJING, JIANGSU, CHINA

BANK OF CHINA
NANJING BRANCH,
NANJING, CHINA

Documentary Credit Number TF0625966092
Amount USD35.161,80
Amount in words US DOLLAR THIRTY FIVE THOUSAND ONE HUNDRED AND ONE POINT EIGHT ********
****
****

Expiry Date / Place 07 NOV 2010 CHINA

Dear Sirs,

We hereby issue this documentary letter of credit, which is available BY ACCEPTANCE against presentation of beneficiaries draft at 90 DAYS FR RCVG DOCS AT OUR COUNTER drawn on AL RAJHI BANK, RIYADH accompanied by the documents (in duplicate unless otherwise mentioned) specified below which forms an integral part of this credit covering shipment of the following goods:

LADIES JACKET, CIF JEDDAH, AS PER ORDER NO. 23902
STYLE NO. 2157, 960PCS AT USD13.98/PC, USD13420.80
STYLE NO. 2173, 750PCS AT USD12.22/PC, USD9165.00
STYLE NO. 2176, 960PCS AT USD13.10/PC, USD12576.00

Shipping Details

Shipment from: ANY CHINESE PORT To: JEDDAH PORT, KSA
Latest Date for Shipment 23 OCTOBER 2010
PARTIAL SHIPMENTS ALLOWED TRANSSHIPMENTS PROHIBITED

Documents Required

(X) SIGNED COMMERCIAL INVOICE IN TRIPLICATE ORIGINAL CERTIFIED BY C.C.P.I.T SHOWING THE BREAKDOWN OF AMOUNT AS FOLLOWS.F.O.B.VALUE ....FREIGHT......(IN CASE OF CFR) AND F.O.B VALUE....FREIGHT...INSURANCE PREM... (IN CASE OF CIF) AND TOTAL (CFR/CIF) VALUE.
(X FULL SET CLEAN ON BOARD MARINE BILL OF LADING MADE OUT TO THE ORDER OF AL RAJHI BANK MARKED FREIGHT PREPAID AND NOTIFY APPLICANT, INDICATING THE FULL NAME, ADDRESS AND TEL NO.OF THE CARRYING VESSEL.S AGENT AT THE PORT OF DISCHARGE.
(X) APPENDED DECLARATION TO 1.BILL OF LADING 2. AIRWAY BILL 3. TRUCK CONSIGNMENT NOTE ISSUED AND SIGNED BY THE OWNER, AGENT, CAPTAIN OR COMPANY OF THE VESSEL/PLANE/TRUCK. AND NOTARISED BY NOTARY PUBLIC OR LEGALISED BY C.C.P.I.T. STATING 1.NAME OF THE VESSEL, PREVIOUS NAME, NAME OF PLANE FLIGHT NO.NAME OF TRUCK COMPANY/TRUCK NO. 2.NATIONALITY OF VESSEL/PLANE/TRUCK.

Form No. 279 نموذج رقم

الإدارة العامة ص ب 28 الرياض 11411 المملكة العربية السعودية هاتف 211 6000 توصيلة 6401 / 6404 فاكس 211 6000 توصيلة 6821 / 6826 تلكس 401464 / 401073 / 403538
Head Office P O Box 28 Riyadh 11411 Kingdom of Saudi Arabia Tel 211 6000 Ext 6404 / 6401 Fax 211 6000 Ext 6826 / 6821 SWIFT: RJHISARI Tlx 401464 / 401073 / 403538

Page 2 WHICH FORMS AN INTEGRAL PART OF L/C No.TF0625966092

3.OWNER OF VESSEL (IN CASE OF SEA)NAME OF PLANE/COMPANY (IN CASE OF AIR)OWNER OF TRUCK (IN CASE OF LAND). 4.THE VESSEL/PLANE/TRUCK WILL CALL AT OR PASS THROUGH THE FOLLOWING PORTS /AIRPORTS/BORDERS ENROUTE TO SAUDI ARABIA . 1..........2............3............4... (PLEASE LIST PORTS/AIRPORTS/BORDERS) THE UNDERSIGNED (OWNER,AGENT,CAPTAIN OR COMPANY OF THE VESSEL/PLANE/TRUCK) ACCORDINGLY DECLARES THAT THE INFORMATION PROVIDED (IN RESPONSES 1 TO 4)ABOVE IS CORRECT AND COMPLETE AND THAT THE VESSEL/PLANE/TRUCK SHALL NOT CALL AT OR ANCHOR ON ANY OTHER PORTS AIRPORTS/BORDERS OTHER THAN THOSE MENTIONED ABOVE ENROUTE TO SAUDI ARABIA. WRITTEN ON THE ..... DAY OF........ YEAR...... SWORN TO BEFORE ME,ON THE ....DAY OF...YEAR...AT.. SIGNATURE OF VSSEL'S/PLANE'S/TRUCK'S OWNER/AGENT, CAPTAIN OR COMPANY. NOTARY OR C.C.P.I.T (SEAL AND SIGNATURE) THIS DECLARATION IS NOT REQUIRED IF THE VESSEL/ CARRIER BELONGS TO ONE OF THE NATIONAL CARRIERS OF THE KINGDOM OF SAUDI ARABIA OR THE UNITED ARAB SHIPPING COMPANY,KUWAIT.

(X) DETAILED PACKING LIST IN TRIPLICATE.

(X) WEIGHT CERTIFICATE IN TRIPLICATE.

(X) CERTIFICATE OF CHINESE ORIGIN ISSUED OR ATTESTED BY C.C.P.I.T STATING THE NAME AND ADDRESS OF MANUFACTURER OR PRODUCERS AND STATING THAT GOODS EXPORTED ARE WHOLLY OF CHINESE ORIGIN.

(X) FULL SET INSURANCE POLICY OR CERTIFICATE FOR 110 PCT OF THE INVOICE VALUE COVERING ALL RISKS AND WAR RISK AS PER CIC CLAUSE.

Special Conditions

Documents to be presented within 15 days from date of shipment but within validity of the credit.

1. PAYMENT UNDER RESERVE OWING TO DISCREPANCIES WITHOUT OUR PRIOR APPROVAL IS STRICTLY FORBIDDEN. 2. ALL DOCUMENTS SHOULD BE MANUALLY SIGNED. 3. DOCUMENTS ISSUED PRIOR TO THE DATE OF ISSUANCE OF CREDIT NOT ACCEPTABLE. 4. TRANSPORT DOCUMENTS ISSUED BY FREIGHT FORWARDER NOT ACCEPTABLE. 5. CHARTER PARTY/SHORT FORM BILL OF LADING/NOT ACCEPTABLE. 6. COST ADDITIONAL TO THE FREIGHT AS SHOWN IN ARTICLE 33D NOT ACCEPTABLE. 7. TRANSHIPMENT SUB ARTICLE 23D IS NOT APPLICABLE. 8. IN CASE OF CONTAINER SHIPMENT ... + NOS.OF CONTAINERS AND NOS.OF PACKAGE IN EACH CONTAINERS SHOULD BE DECLARED ON B/L . + BENEFICIARY MUST PUT A STRONG STICKER/LABEL. INSIDE THE DOOR OF CONTAINER STATING NAME AND ADDRESS OF OPENER, TEL. NO. COMMODITY DESCRIPTION AND MODE OF PACKING, AND PACKING LIST MUST EVIDENCE SAME. 9. ALL NEGOTIATIONS MUST BE ENDORSED ON THE ORIGINAL COPY OF THIS L/C. 10.ALL DOCUMENTS MUST BEAR OUR L/C NUMBER . 11.IF DOCUMENTS PRESENTED UNDER THIS LETTER OF CREDIT ARE FOUND TO BE DISCREPANT,WE SHALL GIVE ITS NOTICE OF REFUSAL AND SHALL HOLD THE DOCUMENTS AT PRESENTING BANK'S DISPOSAL SUBJECT TO THE FOLLOWING CONDITION... (IF WE HAVE NOT RECEIVED PRESENTING BANK'S DISPOSAL INSTRUCTIONS FOR THE DISCREPANT DOCUMENTS PERIOR

Form No. 279 نموذج رقم

Page 3 WHICH FORMS AN INTEGRAL PART OF L/C No.TF0625966092

TO RECEPIT OF THE APPLICANT WAIVER OF DISCREPANCIES,WE SHALL RELEASE THE DOCUMENTS TO THE APPLICANT WITHOUT NOTICE TO PRESENTING BANK) 12.ADVISING OF THIS LC INCLUDING SUBSEQUENT AMENDMENTS(IF ANY) ARE SUBJECT TO COLLECTION OF YOUR (ADVISING BANK) CHARGES SIMULTANEOUSLY AT THE TIME OF ADVISING AND DELIVERY OF THIS ORIGINAL LC (OR AMENDMENT)TO THE BENEFICIARY, AS WE ARE NOT LIABLE FOR ANY UN COLLECTED CHARGES EVEN LC IS UTILISED OR NOT. UCP ARTICLE 18CI AND II ARE NOT APPLICABLE.

(X) COMM'L INVOICE MUST EVIDENCE THAT ORIGIN OF GOODS HAVE BEEN LABELLED/PRINTED THEREON

(X) A FLAT FEE OF USD 50.00 (US DOLLARS FIFTY) OR EQUIVALENT WILL BE DEDUCTED FROM EACH SET OF DISCREPANT DOCUMENTS PRESENTED TO US.

(X) DOCUMENTS NEGOTIATED UNDER THIS L/C SHOULD BE FORWARDED IN TWO LOTS (ORIGINAL AND DUPLICATE) FIRST ORIGINAL SET BY DHL OR ANY OTHER COURIER SERVICE,DIRECT TO OUR TRADE PROCESSING CENTER WESTERN REGIONAL OFFICE,AL SUHAILI BUSINESS CENTER,AL ANDALUS STREET,AL RUWAIS,P.O.BOX NO. 605,JEDDAH,KSA TEL.6509999 EXT.2131,NEXT WORKING DAY FOLLOWING THE DAY OF NEGOTIATION, DUPLICATE BY REGISTERED AIR MAIL.

(X)THE NEGOTIATION BANK SHOULD ATTACHED A COPY OF TLX/SWIFT ADVISING OF NEGOTIATION ALONG WITH ORIGINAL SHIPPING DOCUMENTS.

(X)WILL DEDUCT USD50.00 OR EQUIVALENT AS TLX/SWIFT CHGS.IN CASE OF NEGTIATING BANK REQUEST ISSUING BK TO REMIT/TRANSFER THE DOCS.VALUE TO THEIR ACCOUNT WITH OTHER BANK.

(X) L/C AMOUNT AND QUANTITY TO READ ABOUT.

(X) SHIPMENT TO BE EFFECTED EITHER BY ONE OF THE FLWG SHIPPING LINES ONLY. PIL,APL,P AND O LINE OR ANY CONFERENCE LINES. B/L MUST EVIDENCE THE SAME. B/L MUST BE ISSUED AND SIGNED DIRECTLY BY ONE OF THE ABOVE CARRIER ITSELF ONLY.IF B/L IS SIGNED BY THE AGENT IT SHOULD BE ISSUED IN THE ORIGINAL FORMAT OF THE CARRIER ON BEHALF OF WHOM THE AGENT IS SIGNING.

(X) SHIPMENT THROUGH HAPAG LLOYD AND EVERGREEN LINE NOT ACCEPTABLE.

(X) 1 PCT. AGENT'S COMM TO BE DEDUCTED FROM THE TOTAL INVOICE VALUE AT THE TIME OF NEGO AND TO BE REMITTED TO THE AGENT THRU OURSELVES.SCHED MUST EVIDENCE THE SAME.

(X) INVOICE AND CERTIFICATE OF ORIIGN ATTESTED BY CHAMBER OF COMMERCE OR C.C.P.I.T. IS ACCEPTABLE.

(X) L/C TO BE ADVISED AND NEGOTIATION THROUGH YOUR SUZHOU BRANCH,CHINA,SWIFT.BKCHCNBJ95 IS ACCEPTABLE.

L/C NEGO THRU YOUR SUZHOU BRANCH, CHINA
Please advise this credit to the beneficiary without adding your confirmation.

Form No. 279 نموذج رقم

ALL CHARGES AND COMMISSIONS OUTSIDE
K.S.A. INCLUDING COURIER AND REIMB.
CHARGES ARE ON BENEF'S ACCOUNT.

Reimbursement Instructions

WE WILL CREDIT YOUR A/C AT ANY BANK OF YOUR CHOICE
SEVEN WORKING DAYS FROM THE DATE OF RECEIVING YOUR TESTED TELEX/ AUTHENTICATED SWIFT BY US STATING LC.NO.,AMOUNT,VALUE DATE, DHL/COURIER NO AND DATE, SHIPPING DETAILS, AND THAT ONE SET OF ORIGINAL DOCUMENTS HAVE ALREADY BEEN DESPATCHED BY COURIER DUPLICATE BY THE FOLLOWING REGISTERED AIR MAIL AND THAT ALL TERMS AND CONDITIONS HAVE BEEN COMPLIED WITH. THE NEGOTIATING BANK TELEX/SWIFT (OTHER THAN ADVISING BANK) SHOULD ALSO CONFIRM THAT ALL CHARGES OF ADVISING BANK HAVE BEEN PAID.

We hereby engage with the bonafide holders of all drafts drawn and/or documents presented under and in compliance with the terms of the letter of credit that such drafts and/or documents will be duly honoured upon presentation to us.

The amount of each drawing must be endorsed on the reverse side of this letter of credit by the negotiating bank. Drafts must be marked as drawn under this credit

Al Rajhi Banking & Investment Corp
Branch JEDDAH LC. CENTER

AUTHORISED SIGNATURES(1)..................(2)..................

ابوبكر الجاك كاروث محمد 67/A
ABU BAKAR J. H. MOHAMAD

محمد رشدي محمود حمزه 60/A
MOHAMAD R. M. HAMZAH

Except so far as otherwise expressly stated, this documentary credit is subject to the 'Uniform Customs and Practice for documentary credits'(1993 Revision) International Chamber of Commerce (Publication No.500).

700.1.1.08

Form No. 279 نموذج رقم

NANJING PRSPER IMP. AND EXP, CO., LTD
NO. 2150, BEIJING(W) ROAD, NANJING, JIANGSU, CHINA

NANJING PRSPER IMP. AND EXP, CO. , LTD

NO. 2150, BEIJING(W) ROAD, NANJING,JIANGSU, CHINA

产地证

<table>
<tr><td colspan="3">1. Exporter</td><td colspan="2" rowspan="2">Certificate No.

CERTIFICATE OF ORIGIN
OF
THE PEOPLE'S REPUBLIC OF CHINA</td></tr>
<tr><td colspan="3">2. Consignee</td></tr>
<tr><td colspan="3">3. Means of transport and route</td><td colspan="2" rowspan="2">5. For certifying authority use only</td></tr>
<tr><td colspan="3">4. Country/region of destination</td></tr>
<tr><td>6. Marks and numbers</td><td>7. Number and kind of packages; description of goods</td><td>8. H. S code</td><td>9. Quantity</td><td>10. Number and date of invoices</td></tr>
<tr><td colspan="3">11. Declaration by the exporter
The undersigned hereby declares that the above details and statements are correct; that all the goods were produced in china and that they comply with the rules of origin of the people's republic of china.

Place and date, signature and stamp of certifying authority</td><td colspan="2">12. Certification
It is hereby certified that the declaration by the exporter is correct.

Place and date, signature and stamp of certifying authority</td></tr>
</table>

B/L No.

Shipper	
Consignee or order	
Notify	
Pre-carriage by	Place of receipt
Vessel	Port of loading
Port of discharges	Final destination

中国对外贸易运输总公司

CHINA NATIONAL FOREIGN TRADE TRANSPORTATION CORP.

直运或转船提单

BILL OF LADING

DIRECT OR WITH TRANSHIPMENT

SHIPPED on board in apparent good order and condition (unless otherwise indicated) the goods or packages specified herein and to be discharged at the mentioned port of discharge or as near thereto as the vessel may safely get and be always afloat.

The weight, measure, marks and numbers, quality, contents and value. Being particulars furnished by the shipper, are not checked by the currier on loading.

The shipper, consignee and the holder of this bill of lading hereby expressly accept and agree to all printed, written or stamped provisions. Exceptions and conditions of this Bill of Lading, including those on the back hereof.

IN WITNESS whereof the number of original Bills if Lading stated below have been signed, one of which being accomplished, the other to be void

Container seal No. or marks and No. s	Number and kind of packages Description of goods	Gross weight(kgs.)	Measurement(m^3)

REGARDING TRANSHIPMENT INFORMATION PLEASE CONTACT	Freight and charges

Ex. rate	Prepaid at	Freight payable at	Place and date of issue
	Total prepaid	Number of original Bs/L	Signed for or on behalf of the Master as Agent

(SINOTRANS STANDARD FORM 4)

SUBJECT TO THE TERMS AND CONDITIONS ON BACK 95c No. 0123450

中国平安保险股份有限公司
PING AN INSURANCE COMPANY OF CHINA, LTD.

NO. 1000005959

货 物 运 输 保 险 单
CARGO TRANPORTATION INSURANCE POLICY

被保险人：
Insured

中国平安保险股份有限公司根据被保险人的要求及其所交付约定的保险费，按照本保险单背面所载条款与下列条款，承保下述货物运输保险，特立本保险单。

This Policy of Insurance witnesses that PING AN INSURANCE COMPANY OF CHINA, LTD., at the request of the Insured and in consideration of the agreed premium paid by the Insured, undertakes to insure the under mentioned goods in transportation subject to the conditions of Policy as per the clauses printed overleaf and other special clauses attached hereon.

保单号
Policy No.

赔款偿付地点
Claim Payable at

发票或提单号
Invoice No. or B/L No.

运输工具
Per conveyance S. S.

查勘代理人
Survey By:

起运日期
Slg. on or abt.

自
From

至
To

保险金额
Amount Insured

保险货物项目、标记、数量及包装：
Description, Marks, Quantity & Packing of Goods:

承保条件
Conditions:

签单日期
Date:

For and on behalf of
PING AN INSURANCE COMPANY OF CHINA, LTD.
authorized signature

NANJING PRSPER IMP. AND EXP, CO., LTD

NO. 2150, BEIJING(W) ROAD, NANJING, JIANGSU, CHINA